ÉCOLES DE SILENCE

Un chartreux

ÉCOLES DE SILENCE

P*arole et* **S***ilence*

Éditions Parole et Silence, 2001
ISBN 978-2-84573-059-5

PRÉSENTATION

L'auteur d'*Amour et silence*, mort en 1987, donna les sermons qui sont ici présentés, à l'époque où il était vicaire de la Chartreuse de la Valsainte (Fribourg, Suisse), il y a soixante ans. Ils furent prononcés soit à l'occasion des grandes fêtes liturgiques, devant la Communauté réunie au Chapitre, soit certains dimanches devant les Frères convers, à la « chapelle de famille ». Les uns et les autres gardent, dans leur haute exigence spirituelle, cette saveur de simplicité expressive que goûtaient ses confrères chartreux. Si certaines pensées reviennent parfois, soulignant les thèmes préférés de l'auteur, la variété de son langage, appuyé sur une vaste culture, permet d'éviter néanmoins au lecteur un effet de lassitude : avec les mêmes fleurs, il savait composer des bouquets différents.

La Valsainte, 29 août 2000

I

PRÉPARATION À LA VENUE DE JÉSUS-CHRIST DANS NOTRE CŒUR

Comme Jésus est né à Bethléem, Il veut naître dans nos cœurs. Disons quelques mots de la façon dont nous devons nous préparer à la venue de Notre Seigneur.

Lorsqu'on attend une visite, comment fait-on pour préparer la maison ? Et bien ! d'abord on nettoie, ensuite on fait de la place, et enfin on décore.

Nettoyer nos cœurs, c'est-à-dire les purifier du péché. Les pensées impures, les mauvais désirs, les sentiments d'envie et de rancune, de haine, d'avarice ou de vengeance, voilà ce qui salit notre cœur. Faisons comme la maîtresse de maison diligente ; regardons avec soin dans notre âme et si nous y trouvons quelqu'une de ces mauvaises pensées ou de ces mauvais sentiments, vite un coup de balai !

Mais vous savez qu'il y a façon et façon de regarder : on dit que, dans une chambre qui a été balayée par une vante paresseuse, la maîtresse trouve toujours des toiles d'araignée dans un coin. Demandons-nous franchement si nous n'avons de mauvais désirs pour rien, ni de mauvais sentiments contre personne, et s'il faut répondre malheureusement : « oui », alors, un bon acte de courage, un coup de balai vigoureux : faisons juste le contraire de ce que nous avions envie de faire.

On raconte une histoire qui n'est qu'une légende, mais la leçon qu'elle contient reste bien vraie.

Une jeune fille, qui devait devenir une sainte, eut un rêve miraculeux à l'âge de 18 ans. À cet âge-là, elle n'était pas encore une sainte, mais elle avait tout de même fait déjà bien des efforts pour mener une vie vertueuse. Cependant, elle gardait dans son cœur un seul sentiment de désobéissance et de paresse...

Car sa mère lui avait ordonné de faire chaque matin un travail qu'elle n'aimait pas et la jeune fille trouvait toujours un prétexte pour être absente à ce moment-là, en sorte que c'était quelqu'un d'autre qui devait faire le travail. Donc, elle eut un rêve et Notre Seigneur lui apparut et lui dit: «Viens avec Moi, Je te montrerai la place que tu dois occuper après ta mort.» Et Il la conduisit dans un très beau palais tout resplendissant d'or. Seulement, une odeur si épouvantable était répandue partout que l'on ne pouvait y tenir. La jeune fille se mit à pleurer. Alors, Notre Seigneur lui dit: «Ce qui répand cette odeur mortelle, c'est un seul mauvais sentiment, comme une bête morte et pourrie: voilà ce qui gâte ton ciel et ton bonheur éternel».

La future sainte comprit la leçon et désormais, sa première résolution du matin était de faire bien courageusement le travail qu'elle n'aimait pas.

O combien l'on est heureux quand on a mis de la propreté et de l'ordre dans sa conscience et dans son cœur! N'attendons jamais à demain, examinons courageusement si quelque chose nous sépare du Bon Dieu, et si nous trouvons quelque chose, jetons-le dehors.

Ainsi, quand on veut recevoir une visite, la première chose à faire est de nettoyer, la seconde, de faire de la place.

Car, lorsqu'on est délivré du péché, il est certain qu'on est beaucoup plus tranquille et plus heureux, mais il y a encore des progrès à faire. Il y a encore une grande différence entre quelqu'un qui passe sa journée à penser à des intérêts matériels, à sa situation, aux nouvelles, et qui tâche de plaire aux hommes et aux gens qui peuvent lui rendre service, et un autre, qui pense souvent au Bon Dieu, qui agit de façon à Lui plaire, et qui ne s'intéresse aux choses de la terre que comme à des moyens d'arriver au ciel. Combien la vie de celui-ci est plus noble et plus belle.

Ce qui nous empêche de vivre ainsi avec Dieu, et d'être joyeux et purs en Sa présence, ce sont les préoccupations et les soucis, les fausses craintes et les curiosités vaines.

Tâchons de faire un peu plus de place aux choses surnaturelles dans notre vie. Lorsqu'on est vraiment décidé une fois pour toutes à ne pas attacher tellement d'importance aux choses de la terre, et à mettre sa confiance en Dieu seul, que l'on est en paix ! Que l'on est calme et tranquille ! C'est comme la pureté et la sérénité d'un beau ciel bleu qui succède à un sombre encombrement de nuages... Comme les belles journées de printemps après les giboulées de mars !

Enfin, quand on veut recevoir la visite de quelqu'un qu'on aime, on ne se contente pas de nettoyer et de faire de la place. On décore aussi et on dispose quelques fleurs dans l'appartement.

Il en va de même avec le Bon Dieu. Ce n'est pas assez de nous laver de nos péchés, de maintenir notre cœur pur et libre des soucis de la terre : ajoutons-y encore les fleurs de nos bonnes pensées et de nos bons désirs. La petite Thérèse a inventé ce mot : « Jeter des petites fleurs ». Ce qu'elle entendait par là, ce sont les petits sacrifices, les actes que l'on fait pour faire plaisir aux autres, les petites souffrances qu'on accepte sans se plaindre, et aussi les actes d'amour envers Dieu que l'on fait en s'approchant des sacrements. Quelle plus belle fleur offrir à Jésus qu'une bonne confession et une sainte communion ?

II

SUR LES “DÉVOTIONS” EN CHARTREUSE

Il y a toute une série de moyens de sanctification, les personnes d'abord, ensuite les sacrements qui nous transmettent la grâce avec une harmonie et une douceur merveilleuses :

Jésus, Marie, les saints, les sacrements, tout se tient et se succède dans un ordre plein de sagesse et de suavité comme les parties d'un arbre ou d'une fleur.

– Dans ce merveilleux jardin qu'est l'Église, nous pouvons suivre le sentier qui nous plaît. Notre Seigneur nous attire dans ce jardin et nous Le suivons avec amour. C'est justement cette ardeur de l'amour à poursuivre le Bien-Aimé, cette flamme de l'amour, qu'on appelle *la dévotion* en général.

Mais quand cette dévotion se traduit au-dehors par quelque forme particulière répondant à l'objet spécial que l'amour s'est choisi, elle donne ce qu'on appelle *une* « dévotion ».

Et il y a autant de dévotions qu'il y a de chemins pour aller à Dieu et qu'il y a de sentiers dans le paradis de l'Église où nous pouvons librement nous promener en cherchant Jésus.

– « Il y a toujours eu de ces dévotions dans l'Église et il y en aura jusqu'à la fin. Ce qui est dit dans le Cantique, des fleurs et des fruits du jardin de l'Époux, s'entend très justement de ces pousses incessantes de la piété chrétienne. Leur éclat, leur parfum, leur saveur sont incomparables ; elles ravissent leur Époux céleste. Ce que les étoiles sont dans le firmament, les dévotions le sont pour Lui dans l'Église. Ce sont aussi des foyers rayonnants et ardents, des sources de vie surnaturelle, des sanctuaires remplis de grâces, des lieux de fête et de joie spirituelles. Elles forment pour une grande part, la beauté poétique du Christianisme; poésie pleine de charme mais aussi de vertu, qui (à l'encontre de la poésie profane) élève, recueille, dégoûte du monde, incline à se quitter soi-même, et fait rêver du Paradis dont elle donne déjà un avant-goût sur la terre».

Il est intéressant de remarquer que dans l'Église les dévotions varient avec les siècles. Les dogmes, eux, ne varient pas, mais Dieu inspire à ses Saints des dévotions appropriées à chaque époque.

Un exemple de ces changements dans les dévotions, que vous avez peut-être remarqué, c'est la dévotion à saint Jean-Baptiste et à saint Joseph. Nos ancêtres avaient une dévotion énorme à saint Jean-Baptiste; ils le mettaient tout de suite après la Sainte Vierge. Telle est la raison pour laquelle il est le seul saint mentionné dans la formule de notre profession. Cette évolution correspondait, semble-t-il, à un âge pénitent. Nous sommes devenus plus familiers avec Notre Seigneur et nous avons aussi remplacé cette dévotion à saint Jean-Baptiste par celle à saint Joseph. Ce n'est pas que nous n'aimions plus saint Jean-Baptiste, mais celle de saint Joseph est mieux appropriée à notre temps.

Autres exemples: La dévotion à la *Sainte Eucharistie* prépara l'Europe à résister à la Réforme. Marguerite de Beaune (la petite personne de Jésus) lance au XVIIIe siècle la dévotion à la Sainte-Enfance, pour guérir cette époque orgueilleuse et pompeuse.

La dévotion au Sacré-Cœur vient au XVIIIe siècle si froid, si rationaliste, réchauffer la piété des fidèles.

De nouvelles dévotions, comme celle que sainte Thérèse de l'Enfant-Jésus adresse à l'Amour miséricordieux (qui ne veut rien d'«extraordinaire»)...

On peut encore citer: «La Sainte-Face», «le Chef sacré de Notre Seigneur», «les Cinq Plaies», les instruments de la Passion, etc...

Il y a néanmoins une dévotion qui est *de tous les temps* : celle à la Sainte Vierge Marie. Mais elle prend plusieurs formes suivant les pays et les âges, par exemple en France : Notre-Dame de Paris, Notre-Dame de Lorette, Notre-Dame de la Garde, Notre-Dame de Lourdes, Notre-Dame de la Salette, etc...

Quelle doit être notre conduite pratique à l'égard des dévotions ? Comment choisir ? Comment les pratiquer et dans quel esprit ? Que deviendront nos dévotions lorsque notre vie intérieure se sera simplifiée et approfondie ?

En réponse à ces questions, voici au moins quelques principes :

D'abord, celui de *la liberté*. Dans les questions de dévotion il faut suivre l'attrait de son cœur. Quand on mange sans appétit, cela ne profite pas. C'est pour que nous puissions choisir librement que Dieu nous offre ces variétés de fruits et de fleurs, auxquelles nous avons comparé les dévotions. Jamais un directeur ne doit forcer son dirigé à adopter une dévotion.

Mais à plus forte raison, on ne doit vouloir imposer ses dévotions à tout le monde. Tel est le deuxième principe : *respect de la liberté des autres,* et du choix qu'ils ont fait parmi les dévotions que Dieu nous propose.

Ne faisons pas de zèle quand ce n'est pas le moment. Ne donnons pas de conseils à nos confrères ; laissons Dieu leur parler !

Et pareillement, s'ils ont une dévotion dont nous croyons pouvoir nous passer, parlons-en toujours respectueusement.

Enfin, quelle que soit notre liberté, il y a tout de même un *ordre à observer* dans les dévotions (mauvais exemple que celui d'une vieille très dévote à saint Antoine, mais qui néglige le Saint-Sacrement). Normalement, toutes les dévotions doivent nous conduire, par la Sainte Vierge et par la Sainte Humanité de Notre Seigneur, jusqu'à la Très Sainte Trinité.

Et voici maintenant *le principe le plus important* : nos dévotions doivent être *fécondes*.

Une dévotion a de la valeur si elle nourrit notre âme,

sinon c'est une gourmandise spirituelle tout à fait vaine. Il y a surtout deux choses que doit produire la dévotion: le recueillement et la patience.

a) Une vraie dévotion doit nous envelopper comme d'un voile de *recueillement* et nous séparer du monde. Vous savez comment les chenilles se cachent dans la soie lorsqu'elles veulent se transformer en papillons. De même nous devons nous cacher dans le Cœur de Jésus ou dans les bras de la Sainte Vierge, ou dans la sainte Hostie, pour que Dieu nous transforme et nous donne des ailes.

Tel doit être le premier effet d'une vraie dévotion: nous donner un bon moyen de nous isoler avec Dieu, de nous débarrasser de notre curiosité naturelle, de notre besoin de causer et de connaître des nouvelles.

Une autre comparaison qui nous fait aussi bien saisir cette vérité: *les nuages artificiels* qu'on emploie contre les avions. Quand un bateau est poursuivi par un avion, il s'enveloppe exprès d'un grand nuage de fumée qui le cache complètement. Nous devons faire de même lorsque nous sommes poursuivis par les tentations, les agacements, les choses qui nous troublent ou nous distraient; nous devons apprendre à nous cacher dans les mystères de Dieu, nous enfermer dans une dévotion qui nous est chère et où le démon ne peut venir nous chercher.

b) Cependant, le recueillement même ne serait rien s'il ne nous rendait point aussi *patients*. C'est le second et plus important résultat que doit produire la dévotion. Elle doit nous armer de patience et de douceur envers les confrères et les supérieurs. C'est cela seulement qui nous fera connaître indubitablement si notre dévotion est réelle, si notre âme a vraiment pris le parfum du Paradis où Dieu l'invite à se promener.

« On connaît la doctrine d'un homme à sa patience » dit Salomon,(cf. Pr 19, 11). On peut en dire autant de sa dévotion.

Si nous savons digérer une observation, un manque de gentillesse de la part d'un confrère; si nous savons accepter quelque chose pour l'amour de Notre Seigneur; accepter de souffrir quelque chose sans nous venger, sans nous plaindre, sans faire sentir au confrère ou au supérieur qui nous a blessé que ce n'est plus « comme avant ». Alors, nous pourrons dire que notre dévotion est vraiment surnaturelle. Elle préserve sûrement notre âme et lui donne la force nécessaire. « Revêtez-vous, de la foi comme d'une cuirasse », dit saint Paul. Alors, c'est que notre cuirasse est bonne (1 Th 5, 8).

Cette patience, cette faculté de retrouver le sourire après nos blessures, d'accepter silencieusement, d'oublier totalement en se cachant en Dieu, en s'enveloppant des mystères de Jésus et de Marie, c'est cela qui fait la beauté de notre vie contemplative, cela nous dit que notre âme est vraiment à Dieu et que nous réalisons notre vocation. Si nous sommes ainsi cachés dans les mystères de Dieu et que les choses de l'extérieur ne peuvent plus nous intéresser profondément ni nous atteindre, c'est que la métamorphose de notre âme est en bonne voie ; elle ne tardera pas à déployer ses ailes et à s'envoler vers Dieu.

III

LES CONDITIONS DE LA PAIX INTÉRIEURE

«Pax multam diligentibus legem tuam... (Ps 118, 165)
« Il y aura abondance de paix pour ceux qui aiment votre Loi».

Qu'est-ce que la Loi dont l'Esprit Saint fait ici mention ? Ce n'est pas autre chose que la voix du Saint-Esprit lui-même. Si nous maintenons notre cœur calme et recueilli, nous entendons cette voix qui parle dans notre conscience et qui nous empêche de faire certaines choses, mais nous invite à en faire d'autres.

À cette voix, nous pouvons résister; nous pouvons aussi *la suivre à peu près,* en résistant et en grognant intérieurement. Dans le premier cas, nous désobéissons à la Loi. Dans le second, nous lui obéissons peut-être à moitié, mais nous ne l'aimons pas, c'est clair.

Aimer la Loi ! C'est être habitué à suivre si fidèlement cette voix du Saint-Esprit en nous que nous sommes heureux de le faire. Nous aimons alors la colombe du Saint-Esprit qui parle doucement dans notre cœur, nous suivons la Loi avec amour.

«Une paix abondante pour ceux qui aiment votre loi» !

Pourquoi «abondante»? D'abord pour marquer combien elle apporte de richesses spirituelles et combien elle est profonde.

Dès qu'une âme, par un généreux effort d'amour et par une fidèle correspondance à la grâce, s'est décidée à ne rien refuser à Dieu, dès qu'elle s'est donnée à Lui pour être tout ce qu'il Lui plaira, dans le temps et dans l'éternité dès ce moment, Dieu verse en elle une paix ineffable qui la remplit et qui lui inspire un profond mépris pour toutes les choses d'ici-bas.

Cette paix est l'effet de la présence de Dieu dans le cœur, et tant que l'on conserve cette paix, on est sûr de se maintenir aussi dans la présence de Dieu.

Cette paix est notre consolation, notre force, notre conseil ; elle est la cause de notre avancement spirituel. Plus elle devient intime, inébranlable, inaccessible à tout ce qui peut la troubler, plus nous croissons en perfection ; en sorte que *le comble de cette paix* et *le comble de la perfection*, c'est la même chose. Tout le secret consiste donc à conserver, à augmenter cette paix, au milieu même des épreuves de la vie intérieure. Écoutons sur ce sujet quelques conseils d'un savant directeur[1] qui donne les *six règles* pour garder cette paix :

«*Jouir de la paix comme de la santé, sans y faire attention*»

Si quelqu'un était sans cesse à se tâter le pouls pour voir s'il n'est pas malade, il ne tarderait pas à le devenir. De même on s'exposerait à perdre la paix de l'âme si l'on était toujours à se demander si on la possède bien !

On confond quelquefois la paix avec le sentiment de la paix, et on croit qu'on ne l'a plus parce qu'on ne la sent plus. C'est là une erreur. Dans les commencements, la paix est accompagnée d'un sentiment délicieux parce que c'est quelque chose de nouveau ; mais avec le temps et l'habitude, ce sentiment diminue. D'ailleurs, les uns l'éprouvent plus, les autres moins. Et bien ! *l'absence* de ce sentiment n'empêche pas *d'avoir la paix*. Au contraire, c'est alors qu'elle est *solide et parfaite.*

C'est ainsi qu'un malade, lorsqu'il entre en convalescence, sent les forces et la santé lui revenir, mais il n'en sent plus rien lorsqu'il est complètement rétabli. Il ne faut donc pas regretter ce sentiment de la paix pas plus qu'on

---

1. Jean GROU, s.j. (1731-1803), *Manuel des âmes intérieures* (Paris 1909), "De la paix de l'âme", p. 250.

ne regrette les émotions agréables de la convalescence quand on est rétabli.

« Abondante » (en latin *multa*) peut aussi se prendre au sens de « multiple ». Dieu nous fait une grâce et nous nous sentons heureux. Un jour, ce sentiment de bonheur disparaît. Mais alors, si nous sommes fidèles, nous trouvons au fond de notre cœur un autre bonheur, une autre paix plus profonde et plus pure.

Quand Dieu nous laisse souffrir, c'est toujours pour nous faire saisir au fond de notre cœur une joie plus profonde. En ce sens, la paix de l'âme fidèle est multiple parce que, sous une première paix, il y a une autre forme de paix plus solide et plus forte qui se cache et sous celle-ci, une autre plus profonde et plus pure encore qui nous est réservée pour l'heure d'une épreuve en apparence plus pénible.

« *Faire toutes ses actions avec simplicité, sans trop réfléchir dessus, ni en les faisant, ni après les avoir faites* »

Tout examen inquiet est contraire à la paix. Tant que la conscience ne reproche rien, il est inutile de l'interroger ; il faut seulement être attentif quand elle parle et y avoir égard. Mais lorsqu'elle se tait, pourquoi se dire sans cesse à soi-même : Ai-je bien fait, ai-je mal fait ? Ai-je eu bonne ou mauvaise intention ? » Tout cela ne sert qu'à entortiller et à affaiblir l'esprit et l'âme.

« *Ne jamais se laisser troubler par une crainte vague* »

Toute pensée, toute crainte qui est vague, générale, sans objet fixe et déterminé, ne vient pas de Dieu ni de la conscience, mais de l'imagination ou du démon.

Par exemple, les scrupules de certaines âmes qui craignent toujours et continuellement pour leurs confessions, de n'avoir pas tout dit, de s'être mal expliquées, etc. etc., ou qui ont peur de n'avoir pas les dispositions nécessaires pour communier. Toutes ces craintes vagues fatiguent et tourmentent l'âme inutilement et ne viennent donc pas de Dieu. Quand Dieu fait un reproche à l'âme, c'est toujours sur quelque chose de clair, de précis, de déterminé. Il faut donc mépriser ces craintes vagues et passer hardiment par dessus.

«Le trouble, l'agitation, ne viennent jamais de Dieu»

Dieu ne trouble jamais une âme qui veut aller sincèrement à Lui. Il l'avertit, Il la reprend même avec force, mais il ne la trouble point. Elle voit sa faute, elle s'en repent, elle la répare, tout cela *paisiblement*. Si une âme est troublée, ce trouble vient toujours d'elle-même ou du démon, et elle doit d'abord se remettre dans le calme.

«Lorsqu'on a l'impression d'avoir perdu la paix»

Lorsqu'on est dans un état d'amertume, de tristesse, de cafard, en un mot, qu'on ne peut pas s'expliquer à soi-même, il ne faut *absolument rien changer à sa conduite ordinaire,* tant qu'on est dans cet état pénible.

La sainte Communion, l'oraison, doivent être faites comme d'habitude exactement. De plus, ne prendre aucune résolution dans cet état. Alors, la paix reviendra infailliblement et le démon n'aura rien obtenu de ce qu'il prétendait.

«L'obéissance»

Nous sommes faits pour les autres, non pour nous-même. Et de même qu'il est *plus facile de connaître le visage d'un autre,* que le nôtre, il est plus facile de voir clair dans une autre âme que dans la nôtre. C'est pourquoi notre directeur a toujours plus de sagesse pour juger notre cas, que nous n'en avons nous-même.

La confiance dans ses Supérieurs et son Directeur, la volonté de se donner et de se confier de bon cœur, voilà ce qui nous assure la paix, la paix dans les bras de Notre Seigneur.

La paix se maintient donc par une grande fidélité à écouter Dieu, à écouter son directeur, et à ne point écouter l'amour-propre ni l'imagination.

...*« et non est illis scandalum »*... (Ps 118, 165)

La deuxième partie de ce verset de la sainte Écriture veut dire qu'« il n'y a pas d'obstacle pour ceux qui gardent ainsi leur cœur dans l'abandon ».

Les obstacles apparents, les pierres que notre pied rencontre deviennent des *marches* que nous sommes invités à monter ; et, chaque fois que quelque chose nous *arrête* c'est une occasion de nous *rapprocher* de Dieu.

Ceci est surtout vrai pour les obstacles qui nous viennent des *personnes*. Dans une communauté religieuse, il y a toujours des confrères ou des supérieurs qui nous agacent ou nous blessent. Ne nous laissons pas troubler ou décourager par ces obstacles apparents. Voyons en eux une occasion de pratiquer la charité et de purifier notre âme. À chaque effort que nous aurons fait pour être patients, doux et bons, nous recevrons un accroissement de paix. N'aurons-nous pas déjà gagné le centuple ?...

Nous serons aussi *patients avec nous-même*. Cela, c'est très important, c'est peut-être ce qu'il y a de plus important dans la vie intérieure.

Ne perdons jamais la paix *pour les fautes* dans lesquelles nous tombons. Humilions-nous une bonne fois, réparons le mal commis si c'est possible, et n'y pensons plus.

Se troubler, sous prétexte qu'on est toujours le même, qu'on ne se corrige pas, qu'on ne fait aucun progrès, c'est encore de l'amour-propre. On croit peut-être que c'est de l'humilité, mais non, au contraire ! La vraie humilité consiste à ne jamais se troubler de ses chutes.

En un mot, la vraie humilité, l'abandon, l'amour et la paix, sont choses inséparables. Puissions-nous les posséder à jamais dans le Cœur de Notre Seigneur !

IV

LES DONS DU SAINT-ESPRIT

Par le recueillement, préparons-nous à la venue du Saint-Esprit.

Il nous apporte ses dons spirituels. Car dans l'ordre spirituel, nous sommes les enfants qui ne savent pas gagner leur vie, et qui vivent de cadeaux. C'est notre faiblesse même et notre petitesse qui obligent le Bon Dieu à nous combler de ses dons.

Disons quelques mots des Dons du Saint-Esprit, selon l'enseignement de l'Écriture et des Docteurs de l'Église.

« Une tige sortira de la souche de Jessé, une fleur s'élèvera de sa racine : et l'esprit du Seigneur se reposera sur elle : esprit de sagesse et d'intelligence, esprit de conseil et de force, esprit de science et de piété, et elle sera remplie de la crainte du Seigneur » (Is 11, 1).

Ces dons accordés à l'Humanité de Notre Seigneur le sont aussi, par Elle, à nous tous. Ce sont des qualités distinctes de la grâce, permanentes et surnaturelles, infuses en même temps que docile aux inspirations de l'Esprit toujours dévouées à Dieu et aux choses divines.

Ézéchiel avait eu la vision d'animaux ailés, mystérieux, clairvoyants et agiles qui suivaient toujours le souffle de l'Esprit ; nous avons là une image de l'effet de ces dons dans l'âme. À la fois passifs et actifs, ils nous ont été infusés au Baptême avec la grâce et les vertus, et ils demeurent aussi longtemps que la grâce. Chaque baptisé possède donc ces dons, mais à des degrés différents.

Notez qu'ils diffèrent des vertus, même surnaturelles, en ce que celles-ci nous font agir selon la raison humaine illuminée par la foi, tandis que les dons nous font agir selon la Raison divine ou l'Esprit de Dieu. Voyons un peu ces dons particuliers :

Don de crainte

Bienheureux les doux parce qu'ils posséderont la terre

Notre vie sur la terre est une épreuve et il est toujours possible que nous manquions notre but. C'est pourquoi le Saint-Esprit nous exhorte à travailler à notre salut « avec crainte et tremblement ». Il y a deux sortes de crainte : celle d'être puni et celle d'offenser. La crainte s'oppose à la présomption et à la vulgarité (le Dieu "bon garçon").

Don de piété

Bienheureux les pacifiques parce qu'ils seront appelés enfants de Dieu

C'est le don qui nous fait regarder Dieu comme notre Père ; il nous rend enfants, il adoucit notre caractère ; il nous fait mettre tout notre cœur dans nos exercices de piété.

Don de force

Bienheureux ceux qui ont faim et soif de la justice parce qu'ils seront rassasiés.

Voici le don de *supporter,* de ne pas céder aux dangers et aux difficultés ; c'est donc le courage et la ténacité. La mort n'est plus qu'un incident, la souffrance un détail.

D'après saint Thomas, il y a plus de courage à supporter qu'à attaquer. L'homme le plus fort est celui qui sait rester tranquille au milieu des difficultés extérieures et intérieures (*sustinere et aggredi*).

Don de conseil

Bienheureux les miséricordieux car ils obtiendront miséricorde

C'est le contraire de la précipitation; c'est le don qui fait qu'en s'abandonnant à Dieu, on résout tous les problèmes pratiques. «Comment faire maintenant»? Un moment de recueillement et l'on sent ce que veut le Bon Dieu.

Don d'intelligence

Bienheureux les cœurs purs, car ils verront Dieu

Il nous fait voir la vérité cachée sous les symboles. Dans les Dogmes et les Sacrements, dans les choses de la Nature, dans les événements et même chez les hommes (qui nous éprouvent).

Don de science

Bienheureux ceux qui pleurent car ils seront consolés

Il nous fait mesurer l'abîme entre Dieu et la créature. Il nous donne la conscience vécue de notre néant; il nous inspire le mépris surnaturel de nous-même, il nous excite à la mortification.

Don de sagesse

Bienheureux les pauvres d'esprit car le Royaume des cieux est à eux

C'est le fruit et la consommation de tous les autres dons. Il est enraciné dans la charité, il ramène toutes choses à Dieu. Tel est le don de savoir tout rapporter et tout ramener à Dieu en sorte que l'on vit pour Lui et avec Lui et en Lui. Vraiment, c'est là le don qui fait les saints.

Ce don de sagesse entraîne tous les autres. En s'efforçant de garder la sagesse, de tout faire pour Dieu et avec Dieu, on pratiquera sûrement la crainte, la piété, la force, etc. Au contraire, si on se laisse aller par exemple à la crainte seule, c'est un poison. De même le courage sans sagesse, ou la mortification seule, toujours sont dangereux.

Il importe de savoir comment pratiquer la sagesse ; voici quelques moyens :

L'offrande matinale, l'arrêt volontaire de quelques secondes, la surveillance du cœur (pour qui est-ce que je fais ou je dis cela ? Le fais-je pour moi ou pour Jésus ?) et l'offrande du soir.

Si nos cœurs sont prêts, nous recevrons avec une nouvelle abondance les dons du Saint-Esprit. Comment nous tenir prêts ? En offrant à Dieu un cœur vide de préoccupations humaines, un cœur calme et tranquille, sans désirs humains ni craintes terrestres. Etablissons-nous dans cet état de paix et de confiance et nos cœurs seront comblés de ces dons et de ces béatitudes célestes.

V

LES PRIVILÈGES DE L'ÂME FIDÈLE, VIERGE

Les prérogatives et privilèges de l'âme unie à Dieu, sont, dans un certain sens, pareils aux privilèges de Marie.

On peut méditer en ce sens les Litanies de la Très Sainte Vierge et y trouver un merveilleux aliment pour la piété et pour l'amour.

Tout ce que Dieu demande à notre âme et tout ce qu'Il lui promet est contenu dans ces invocations sublimes, dont nous choisissons seulement quelques-unes ici.

Virgo fidelis

Voici déjà une appellation qui résume un monde d'espérance et d'efforts. Dieu demande à notre âme d'être *vierge,* détachée du monde, détachée surtout de soi-même. Vierge fidèle : la fidélité c'est la persévérance dans l'amour. Si notre âme est une vierge fidèle, elle s'entendra appeler par Dieu de ces noms d'amour qui constituent la suite des Litanies :

« Tour d'ivoire, Maison d'or » (l'âme devient le temple de son Dieu), Miroir de justice...

Il conviendrait de méditer longuement ces expressions... car elles s'appliquent tout particulièrement aux chartreux...

Miroir de justice

Il me semble que les âmes contemplatives sont des miroirs de Dieu. Leur vie consiste à *recevoir* toute la lumière, toute la grâce divine et à les restituer totalement au Père. Recevoir Dieu et donner Dieu, c'est la vocation toute spéciale des contemplatifs, et s'ils sont fidèles, c'est la splendeur de leur âme.

D'abord, les âmes contemplatives *reçoivent Dieu* totalement. Pensons à toutes les grâces que nous avons reçues depuis notre enfance. Celle de naître de parents chrétiens, la grâce du baptême qui nous a donné la ressemblance vivante avec la Sainte Trinité; la sainte Communion qui nous a nourris, emplis de Notre Seigneur, de la lumière du Verbe de Dieu; et enfin, pour couronner toutes ces grâces, nous avons reçu celle de la vocation contemplative; Jésus a bien voulu appeler notre âme à Lui dans la solitude pour l'épouser, pour lui donner son nom, ses privilèges et son héritage.

Avouons que nous avons été plus ou moins fidèles à ces grâces; mais par le fait que nous sommes chrétiens, *nous sommes des « christ »*. Pour voir parfaitement la vérité, il faudrait voir toutes choses avec les yeux de Dieu. Or, si Dieu regarde le chrétien et plus encore un chartreux, que voit-Il en lui ?

Il ne voit que Son Fils, Il ne voit que Notre Seigneur ; et si nous avions la Foi, c'est ainsi que nous nous verrions les uns les autres. Il ne voit que Notre Seigneur, voilé sans doute par nos imperfections, peut-être crucifié par nos infidélités, mais quand même présent dans notre âme qu'Il a revêtue de Sa beauté.

Ce que nous avons reçu, c'est donc la ressemblance divine et spécialement celle avec Jésus. Voilà la lumière éternelle dont le miroir de notre âme est inondé.

Et c'est aussi ce que nous devons *rendre.*

Notre vie de chartreux est un « sacerdoce », même pour ceux qui ne sont pas formellement revêtus du caractère sacerdotal; car eux aussi participent au moins à l'œuvre sacerdotale du Sacrifice quotidien : ce que l'on fait dans ce sanctuaire de la Chartreuse, c'est d'offrir Jésus au Père dans une perpétuelle offrande, de Le *rendre* à Dieu.

C'est la fonction, c'est la raison d'être des Chartreux. Ils offrent Jésus, *sur l'autel d'abord*, et puis à chaque instant s'ils sont fidèles, ils l'offrent *dans leur cœur*, dans toute leur personne, dans tous leurs actes. Ils ne sont pas autre chose, en un mot, qu'*une offrande* sainte et immaculée, en union avec Jésus. Ils s'unissent à Jésus pour restituer au Père, dans un acte de suprême justice, tout ce que l'homme a reçu de Dieu.

Un miroir, pour bien refléter, les images, doit être *simple, tranquille, pur.*

Il en est de même de notre âme et de toute notre vie. Être chartreux ne consiste pas, comme on se l'imagine quelquefois dans le monde, à faire des choses extraordinaires mais au contraire à vivre humblement et calmement, sans rien chercher, sans rien prétendre, sans rien refuser.

Il ne faut pas que l'âme soit agitée ; aussitôt qu'on la trouble, il faut l'essuyer (comme le miroir) par un acte de confiance en Dieu. Une âme qui est ainsi simple, franche, abandonnée, est vraiment comme un miroir très pur et restitue à Dieu l'image de Sa simplicité et de Sa pureté divines.

Remarquons bien que ce n'est pas ce que *nous* sommes qui importe, ce n'est pas la matière du miroir qui fait sa valeur ; c'est, au contraire, d'être tout effacé, tout uni, de n'être rien en quelque sorte, de façon à refléter intégralement l'image qu'on lui envoie.

Les journées des chartreux peuvent être très monotones, très insignifiantes ; elles doivent même être ainsi puisque notre vie n'est rien par elle-même. Notre être est simplement le soutien (*substratum*) de la grâce, des privilèges et des beautés de Jésus : c'est Lui, uniquement Lui qui est beau en nous.

Un contemplatif est infiniment riche mais il ne possède rien ; il reçoit tout et il rend tout. C'est ce qui fait la gloire de son âme comme la splendeur d'un miroir immaculé.

Plus notre âme est calme et humble, plus elle est silencieuse, mieux elle joue son rôle d'instrument de la gloire divine. Elle *rend* gloire à Dieu. Remarquez cette expression : elle suppose que nous *recevons* la gloire de Dieu puisque nous lui *rendons* cette gloire. Et rendre gloire à Dieu de cette façon, en lui offrant ce que nous sommes, ce que Jésus est, c'est aussi Lui rendre justice. Voilà pourquoi l'âme unie à Dieu mérite d'être appelée « miroir de justice », « *speculum justitiae* ».

Enfin, l'âme peut s'appliquer les privilèges qui sont énumérés dans les Litanies avec les noms de « mère » et de « reine ».

Que de choses contenues dans la « maternité » spirituelle d'une âme unie à Dieu !...

Sans doute, nous avons renoncé à avoir une petite famille, mais c'est afin de pouvoir prendre soin des intérêts de cette immense famille qu'est l'Église composée d'âmes dont les nécessités spirituelles sont innombrables.

Le rayonnement d'un cœur établi dans la paix de Dieu, c'est une royauté véritable et éternelle. « *Regina Pacis* ». Reine de la paix : voilà comment je me représente le visage éternel d'une âme sanctifiée...

Mais ne serait-ce pas de l'orgueil que de penser ainsi ?

L'orgueil c'est de *se* croire quelque chose. Pour être humble, il faut *d'abord* savoir qu'on n'est rien. Mais cela ne suffit pas. Il faut aussi savoir que Dieu est tout, c'est-à-dire que Son amour est toujours présent et tout-puissant.

« *Intimior intimo meo* » disait saint Augustin. « Il est plus intime à moi-même que moi-même. »

L'âme humble est toute éblouie de la réalité de Dieu ; elle ne voit que Lui, elle s'oublie elle-même, elle prend le nom de son Bien-Aimé. C'est en disant : « *Ecce ancilla Domini*, voici la *servante* du Seigneur », qu'elle devient l'épouse de Dieu et la mère du Verbe. Elle conçoit Dieu et Le porte en elle.

Ainsi en est-il pour une âme qui aime vraiment Dieu (et si elle l'aime vraiment, elle sera obéissante et mortifiée), et l'humilité *exige* la conscience de ces privilèges sublimes ; c'est parce que elle a conscience de n'être rien qu'elle se sent la petite fiancée de Dieu et son épouse promise pour l'éternité, et qu'elle se reconnaît en tremblant de joie, de crainte filiale et de reconnaissance amoureuse, dans ces paroles majestueuses et douces :

Vierge Fidèle – Miroir de Justice – Arche d'alliance
Mère et Épouse » – « Reine de la Paix »

VI

L'APOSTOLAT SILENCIEUX ET CACHÉ DES CONTEMPLATIFS

Le bien cherche toujours à se répandre.

De fait, plus un être est parfait, plus il rayonne le bien autour de lui. Tout ce qui est plein de vie, de joie, d'amour, cherche à répandre l'amour, la joie et la vie. Ceci est vrai pour toutes choses et dans tous les domaines. Prenons l'exemple d'une fleur qui est la perfection de la plante ; elle répand l'éclat de sa couleur, son parfum et ses graines. Un oiseau qui est heureux de vivre, réjouit toute la campagne de son chant.

Il en est de même pour les hommes. Quand ils ont trouvé quelque chose qui les réjouit, ils veulent le faire connaître à tout le monde, un beau paysage, un beau livre, par exemple. Toute vie, toute joie, tout amour, veut se répandre et *le peut*. Car ce qui nous a plu, ce qui nous a enivré, cela peut et doit plaire à nos semblables et les enivrer à leur tour.

C'est donc là une conséquence de la solidarité humaine si nous sommes pleins de nous-même et donc pleins d'amertume et d'envie, nous ne donnerons aux autres que ce que nous avons. Mais si nous sommes remplis de la paix et de la douceur de Notre Seigneur, nous déborderons de cette paix et de cette douceur et nous consolerons les autres.

Maintenant, nous pouvons distinguer deux sortes de joie et d'amour : la joie exprimée, la joie inexprimée, l'amour manifesté et l'amour secret, en un mot, *la vie extérieure active* et *la vie intérieure contemplative.*

Dans la vie extérieure active, vous savez que l'on communique des convictions et ses sentiments, et comment on le fait. A vrai dire, c'est un don qui n'appartient pas à tout le monde ; cela dépend beaucoup du physique. Ceux qui ont une belle voix, un air profond, de belles manières que sais-je encore ?... ceux-là savent s'imposer aux autres et transmettre leurs idées ou leurs volontés. Ce sont les grands orateurs, les grands entraîneurs d'hommes ; parmi eux, il y a des saints, des hommes politiques, ou même des hommes qui sans jouer un rôle public, réussissent dans la société à réunir pour eux les enthousiasmes et les sympathies.

Mais c'est *tout autre chose* d'avoir *le cœur vraiment plein d'amour* et *l'esprit vraiment plein de lumière* ou d'avoir le don de plaire aux hommes et de les convaincre. Ce sont là deux genres tout à fait distincts.

Vous pourriez par exemple, brûler d'amour de Dieu et de compassion pour les pauvres mais être muet ou aveugle et n'avoir pas un centime ; en ce cas, personne ne se doutera de ce que vous avez dans le cœur.

J'ai lu quelque part l'histoire d'un enfant qui pleurait quand il était joyeux et riait quand il était triste : il lui était impossible de communiquer sa joie et sa tristesse, mais il avait quand même des joies et des tristesses intérieures.

Nous devons donc conclure ceci : une bonne parole, un sourire, ce sont des créatures vraiment bonnes et qui répandent un peu de consolation autour d'elles, tout comme une fleur ou un oiseau du printemps. Mais ce rayonnement de nos paroles, de nos gestes, ce n'est pas encore le rayonnement de nos idées ni de nos sentiments.

Nos idées et nos sentiments, tout ce que nous avons dans le cœur de lumière et d'amour, ce sont là des réalités non plus physiques, matérielles, mais morales, spirituelles, invisibles, donc c'est dire qu'elles doivent avoir aussi un rayonnement spirituel, invisible.

Pour mieux comprendre combien ceci est nécessaire, comparons, par exemple, une bonne pensée à une étoile.

Comme Dieu allume une étoile dans le ciel nocturne, Il fait naître dans notre esprit un acte de confiance en Lui et un désir de consoler tous les pauvres cœurs qui souffrent sur la terre. Qu'est-ce qui a eu le plus de valeur et le plus d'importance ? L'étoile, ou l'acte de foi et de charité ? Il est évident que ce qui est dans notre âme a plus d'importance que le firmament tout entier ; un savant a fait remarquer que si l'homme est matériellement tout petit en présence des astres, il est infiniment plus grand qu'eux tous par son esprit puisqu'il peut les connaître et savoir que Dieu les a créés, tandis qu'eux n'en savent rien.

Donc, une bonne pensée a infiniment plus de valeur qu'une étoile ! Un cœur plein d'amour c'est un foyer plus brûlant que le soleil ! Pourriez-vous jamais croire que Dieu permettrait cette absurdité que l'étoile rayonne sa lumière qui s'en va à des milliards de kilomètres pendant des millions d'années, faire connaître l'ardeur de cette lointaine créature, de ce globe de matière pivotant dans l'air glacé, et qu'une âme unie à Dieu soit privée de son rayonnement ou que son rayonnement dépende de quelques malheureuses conditions physiques : une voix plus ou moins forte, un air plus ou moins intelligent, une force plus ou moins considérable ? Non, cent fois non !...

C'est l'Église qui a raison lorsqu'elle nous enseigne le dogme si grand, si important de la Communion des Saints. Nos bonnes pensées et nos bons sentiments, nos actes de Foi et d'Amour sont comme des astres spirituels ; ils rayonnent à l'infini la foi et l'amour. Ce sont des foyers de consolation, et de force ; les âmes unies à Dieu forment une immense constellation qui éblouit les yeux des anges et qui ne doit jamais s'éteindre dans le ciel de l'Église.

L'apostolat des contemplatifs, apostolat *silencieux et invisible,* repose tout entier sur cette affirmation : *l'amour est quelque chose de réel,* et même *ce qu'il y a de plus réel dans le monde,* et le monde ne peut être sauvé que par la Foi et la Charité.

Ce que Dieu demande de l'homme, ce qui répare le mal causé par le péché, ce qui console et fortifie ceux qui souffrent, ce ne sont par les bonnes paroles, ni même l'argent, ni même les exemples (extérieurs) de vertu, c'est *La Foi et la Charité,* qui donnent la vie à ces paroles, à ces aumônes, à ces exemples.

Mais la Foi et la Charité ont encore une action beaucoup plus étendue que les œuvres extérieures qu'elles doivent animer.

En effet, un cœur uni au Bon Dieu, une âme immolée participe à l'action rédemptrice de Notre Seigneur et rayonne l'amour dans les cœurs, en union avec le foyer de la Charité divine.

Les œuvres extérieures n'atteignent que l'extérieur des hommes ; les actes intérieurs de charité communiquent la vie et la consolation à des âmes innombrables à l'intérieur même des cœurs.

Les aumônes matérielles sont bien limitées, mais l'aumône des contemplatifs est illimitée dans le temps et dans l'espace.

Si le rôle des contemplatifs est si peu compris et si difficile à soutenir, c'est parce que, ici, tout se passe dans l'invisible ; il faut absolument vivre dans la nuit de la Foi surnaturelle. Mais ce qui fait la difficulté de cette vie, c'est aussi ce qui en fait la valeur. Une vie d'homme est grande et belle *dans la mesure où elle est animée par la Foi*. Celui qui ne croit que ce qu'il voit est un lâche qui n'entreprend rien et il mourra dans un fauteuil de rentier, ou derrière un comptoir d'épicier sans même avoir fait fortune, car il faut une certaine audace pour faire fortune ! C'est grâce à un acte de foi que toutes les grandes entreprises deviennent possible. Quelle foi ne fallut-il pas à Christophe Colomb pour se lancer le premier sur l'Océan et découvrir l'Amérique ! Eh bien ! pour être religieux cloîtré, pour être contemplatif, il faut avoir une foi plus grande encore. Il faut s'élancer comme saint Pierre, marcher sur la mer qui semble à chaque instant devoir nous engloutir. Il faut (comme dit la petite Thérèse) passer par des tunnels très obscurs, si obscurs que l'on se demande si le soleil existe encore. Il faut risquer sa vie, il faut se jeter les yeux fermés dans les bras du Bon Dieu qui nous attend dans cette obscurité. C'est à ce prix qu'est l'héroïsme des saints !

Mais ce que découvrent ces héros plus hardis que tous les navigateurs de l'histoire, ce n'est pas l'Amérique, ce n'est pas l'Eldorado – nouveau paradis terrestre – c'est, dès ici-bas, sur terre, le véritable Royaume des cieux, promis par le Fils de Dieu.

C'est pour ceux qui vivent ainsi de Foi que Notre Seigneur a dit : « Bienheureux ceux qui croient sans avoir vu » (Jn 20, 29).

VII

LA ROSE MYSTIQUE

« Je me suis élevée comme une palme
Comme un plant de roses en Jéricho. »

C'est à plusieurs reprises que l'Écriture sainte compare la sagesse ou la perfection de l'âme fidèle à l'épanouissement d'une fleur. Et dans cette image où l'Esprit Saint s'est complu, la sainte Église n'a pas manqué de reconnaître la Très Sainte Vierge. De l'Ecclésiastique ou du Cantique de Salomon, la « fleur » a passé dans les Litanies de Lorette, où nous trouvons l'invocation de « Rose mystique ». La Très Sainte Vierge a même des autels sous le vocable de « Marie, Rose des roses » ; et ce nom, dans la pieuse Espagne, est parfois donné aux enfants lors du baptême. Ce n'est point par hasard d'ailleurs, ni par jeu, que les écrivains sacrés et les mystiques prennent si volontiers dans la Nature les symboles des vertus et des valeurs spirituelles : car, l'homme, par le péché, a voilé la splendeur de sa propre essence, tandis que ces êtres inférieurs lui demeurent un exemple de liberté et d'équilibre édéniques.

La belle invocation des Litanies, « Rose mystique », retiendra aujourd'hui notre attention quelques instants, mais sachant qu'elle a été souvent commentée, je me bornerai à relever les points principaux que, prenant occasion de son texte, on a proposé à la méditation des âmes dévouées à Marie.

Saint François de Sales voit dans la calme rose qui fleurit à l'écart en silence, repliée sur le germe qu'elle porte en elle et protège des regards, le symbole du *recueillement de Marie*.

Pour saint Bernard, c'est l'*humilité et la modestie,* de la Sainte Vierge qui nous sont données en exemple, lorsqu'Elle dit d'elle-même, par la bouche de la Sulamite: «Je suis la rose des champs, le lys de la vallée» (Ct 2, 1). Ces vertus sont sœurs, l'une ne va pas sans l'autre; elles sont pour nous d'une essentielle importance, car le choix qui a décidé de notre vie est celui-ci: *laisser le souci d'être vus,* pour fixer dans toute sa force la regard de notre âme (comme la dit la Bulle *Umbratilem*)[2] *sur la beauté des choses divines*; renoncer de plaire aux hommes *pour contempler Dieu*.

C'est une alternative nécessaire, en effet, et nous ne saurions nous épanouir dans la lumière que dans la mesure où nous renouvelons chaque jour cette conversion de notre esprit et de notre volonté. Une parole de l'Évangile nous fait entrevoir la vie modeste et contemplative de Marie: «*...conservabat omnia verba haec in corde suo*» (Lc 2, 19). «...elle gardait toutes ces paroles dans son cœur». Elle conservait donc au fond de son cœur les secrets de Jésus et de Son Père. Imitons cette fidélité de Marie à l'appel des profondeurs; que notre vie soit vraiment une vie intérieure. Notre susceptibilité, nos ressentiments et la plupart de nos peines viennent de notre paresse à descendre dans le secret où Dieu nous attend. La porte par laquelle nous pouvons nous évader, nous libérer totalement, n'est pas à l'extérieur, elle est *en nous*. Certes, nous nous devons à nos devoirs d'état, il est indispensable pour nous d'y consacrer notre attention et nos soins, mais l'expérience démontre que ni le travail ni l'obéissance ne souffrent du recueillement. Tout au contraire, lorsque l'âme repose en équilibre sur son Centre Divin, elle est prête à se porter avec promptitude là où le devoir l'appelle. C'est lorsqu'elle vit dans son élément, dans l'Infini, qu'elle est légère et docile, qu'elle

2. PIE XI, Constitution Apostolique *Umbratilem* (1924), approuvant *les Statuts révisés de l'Ordre Cartusien*, n.1.

cède et consent volontiers à ce qui lui est demandé par les circonstances quotidiennes, manifestant la volonté de Dieu.

Pour saint Bernard, la rose et le lys signifient encore *l'abandon,* selon que Notre Seigneur lui-même nous les donne en exemple : « Regardez les lys des champs qui ne travaillent ni ne filent, et cependant sont mieux vêtus que Salomon » (Mt 6, 29). L'âme de Marie était abandonnée, c'est-à-dire tranquille dans la joie, et sereine dans la douleur. Elle est appelée « douce entre toutes les femmes » – inter omnes mitis – de cette douceur qui est faite de résignation et de délicatesse. Vertus des vierges et des mères, dont la patience a tant de dignité, qui savent ignorer et attendre, et préservent ainsi les forces profondes que nous admirons.

La paix d'une sainte Jeanne d'Arc, d'une Thérèse de l'Enfant-Jésus n'est pas le sentiment qui suit le succès, mais *la vertu* qui justement assure la victoire. Or, nous savons que pour Marie, le *« fiat »* est l'expression de toute son âme ; et c'est cette tranquillité parfaite dans la Foi sans ombre et dans l'amour pur qui distingue la Reine de la terre et des cieux.

Quelle leçon pour nous ! Leçon confirmée par l'expérience de chaque jour. L'une de nos fautes les plus fatales est de gaspiller notre paix, de nous inquiéter de maintes choses inutiles, alors que nous devrions garder la tranquillité du cœur et de l'esprit avec l'attention délicate que requiert l'accomplissement d'un devoir d'état : c'est en effet la condition essentielle de cette vie contemplative qu'à l'imitation de Marie nous avons résolu de mener. C'est un devoir aussi envers les âmes qui attendent quelque chose de notre rayonnement, puisque celui-ci est impossible tant que nous demeurons dans le trouble.

Nous arrivons maintenant au troisième sens que ces auteurs attribuent à cette fleur : elle est le vivant *symbole de l'amour*, répandant son parfum et sa grâce. Un amour qui communique ses biens par le seul fait qu'il est intense : *une charité d'être,* dont l'œuvre extérieure n'est que l'accidentelle manifestation. Telle est la perfection que suggèrent ces louanges adressées à Marie : « Rose mystique », « Rose des roses ».

L'œuvre essentielle à laquelle se voue l'âme contemplative, c'est la naissance intérieure du Fruit Divin, du Verbe conçu au plus pur d'elle-même, pareille à la plante du bord des eaux (comme dit le Psalmiste) qui donne son fruit lorsque l'heure est venue (Ps 1, 3).

N'ayons souci que de cela, préparons cette fécondité bienheureuse par une fidélité de tous les instants, indifférents au reste qui n'est que vanité et mensonge, laissant passer en silence, au gré de la Providence, les saisons des consolations et des peines.

Que notre Mère du ciel daigne veiller sur cette croissance du Verbe dans les âmes qui lui sont confiées, et tandis que *nous* diminuerons pour disparaître enfin, que Son Fils atteignant l'âge parfait fasse retour à son Père, dans l'embrassement de l'Esprit d'amour, où IL EST UN avec Lui, d'éternité en éternité.

VIII

DE LA VIRGINITÉ

De la Très Sainte Vierge, les Évangiles ne nous livrent que peu de paroles, et ces paroles, même sont enveloppées de grand mystère. Pourtant, nous connaissons la Très Sainte Vierge, nous la connaissons mieux que toute autre sainte, à ce qu'il nous semble, justement parce qu'elle se révèle à nous dans sa beauté essentielle et une parfaite simplicité. Vierge des Vierges et Mère de Dieu, elle offre à notre admiration un objet inépuisable. En ce jour où nous célébrons la fête de la naissance de Marie, nous dirons quelques mots à la louange de la « virginité », selon que celle-ci résume les conditions de la vie contemplative, de la naissance du Verbe en nous, et de toute fécondité spirituelle.

Il y a une *virginité des sens* qu'il importe beaucoup de préserver dans le plaisir comme dans la douleur. Sans doute, notre vie est dépouillée du superflu, et, par la Règle même, de si grandes précautions sont prises, que le danger de s'attacher à des jouissances physiques ne semble guère redoutable. Toutefois, il ne faut pas laisser de demeurer vigilants ; la pureté ne se maintient que par un effort chaque jour renouvelé et tout laisser-aller dans ce qui plaît aux sens est fatal au solitaire comme à l'homme du monde.

Plus importante pour nous, parce que les occasions d'y faillir sont plus fréquentes, est *la pureté dans la douleur.* Nous voulons désigner ainsi *la patience,* dont Marie nous donne le plus haut exemple, de la grotte de Bethléem jusqu'au pied de la Croix. Observer la patience, c'est le plus souvent garder le silence dans la peine : point de ces sorties qui accusent les autres et nous vengent de quelque façon ; point de ces plaintes dont nous espérons le douteux réconfort de l'estime ou de la compassion d'autrui. Mais ce n'est pas tout : pour que notre patience fût parfaite et nous assurât la liberté spirituelle, il faudrait que fussent écartées aussi les plaintes intérieures. Elles nous attachent à nos souffrances et, chose singulière, font redoubler celles-ci. En nous apitoyant sur nous-même, nous nous complaisons dans notre mal et lui donnons de la force. Notre cœur bavarde avec lui-même et se trahit. S'il était silencieux, les créatures auraient sur lui bien moins de pouvoir. Et dans le calme de ce cœur où les clameurs et les murmures de notre tendresse pour nous-même auraient cessé, l'Esprit pourrait enfin achever de prononcer la Parole divine qui sera notre plénitude éternelle et notre béatitude.

La virginité du vouloir se nomme «*obéissance*». Nous avons résolu d'être obéissants au jour de notre profession, et si nous y manquons, c'est généralement par une surprise de notre sensibilité, un défaut de patience à l'égard de quelque peine ou désagrément. Que Marie nous apprenne à nous donner, à obéir comme elle, sans nul entretien de discours vindicatifs ou de pensées amères. Rappelons-nous que la douceur, cette vertu qui distingue Marie entre toutes les vierges, ne s'oppose pas seulement à la violence. Elle s'oppose tout aussi bien à l'amertume.

Quelle grâce et quelle beauté pour l'âme que l'absence complète de révolte et de ressentiment ! Le don de soi est loin d'être total, qui laisse subsister je ne sais quelle rancune. L'Écriture nous dit que «dans la sagesse, il n'y a aucune amertume». Et à ses vrais amis, la sagesse communique en effet sa sérénité, sa pure saveur ; c'est à cela même qu'on les reconnaît.

Mais ces vertus spirituelles que nous venons de considérer – patience, douceur, obéissance – ne sauraient se maintenir sans une fidélité, virginale aussi, du jugement et de la pensée. On peut y faillir de plusieurs façons : presque tous le font notamment par la vanité, c'est-à-dire par un souci exagéré du jugement des autres. Qui se préoccupe constamment de la pensée du prochain à son égard se prive par là même de toute vérité intérieure. Plus souvent encore, pour nous, contemplatifs, le recueillement est troublé par des jugements injustes ou indiscrets que nous portons sur le prochain.

C'est peu de quitter le monde si l'esprit ne sait pas retrouver avec Dieu cette chaste solitude que Dieu même requiert pour se manifester! Nous ne sommes tellement sensibles, d'ailleurs, au jugement des hommes, que parce que nous les jugeons nous-même selon les fausses mesures de l'amour-propre, *au lieu de les bénir,* et de *les laisser dans l'ombre* pour nous tourner vers le *Soleil Divin!...*

Les opinions critiques et plus ou moins passionnées que nous entretenons à l'égard des autres, – fût-ce avec les meilleures intentions – nous distraient de la solitude; elles encombrent l'intelligence et ne lui permettent pas d'accueillir son Dieu; car l'esprit a, de quelque façon, la nature du miroir: la limpidité de son essence doit recevoir toute la beauté de la Face du Père, mais c'est à condition qu'il demeure net et calme, et droitement orienté vers l'objet divin dont le seul infini correspond à sa mystérieuse profondeur.

La Très Sainte Vierge est appelée «*Speculum justitiae*»: Miroir de justice, parce que son accueil total de la vérité lui a permis de concevoir le Verbe sans nulle défiance ni réserve, et d'en communiquer l'éclat inépuisable à toutes les âmes contemplatives.

Que Marie daigne nous donner la ressemblance de sa virginité, dans l'esprit, la volonté et le cœur, afin que transformés de clarté en clarté, nous puissions participer avec Elle, Fille, Épouse et Mère de Dieu, à la Vie de la TRINITÉ SAINTE.

IX

PRÉPARATION À LA VENUE DE JÉSUS-CHRIST DANS NOTRE ÂME

Vous savez que notre Dieu infiniment sage a créé ce monde de telle sorte que, dans l'ordre naturel comme dans l'ordre surnaturel, tout se répond et se correspond.

Les choses inférieures sont l'image des choses supérieures. Ainsi notre vie animale et notre vie spirituelle présentent sur plusieurs points une évidente analogie. L'âme naît à la vie de la grâce, se nourrit des sacrements et de la parole de Dieu, elle peut devenir l'épouse de Notre Seigneur et acquérir une immense fécondité spirituelle. Elle peut aussi, malheureusement, mourir par le péché. Tout comme la chair, elle a donc une santé et des maladies, une naissance, une croissance et un épanouissement.

De même les choses extérieures sont comme des reflets des réalités intérieures. L'âme a ses printemps bien plus beaux que ceux de la nature, et aussi de plus terribles hivers ; elle a ses soirées d'automne et ses après-midi d'été. Toutes choses sont enchaînées, enchevêtrées comme dans une trame divine, comme dans un roman infiniment compliqué pour nous, infiniment simple pour Dieu qui, seul, en connaît le dernier mot.

C'est ainsi encore qu'il y a une ressemblance étroite entre la vie et les actions de Notre Seigneur en Judée, il y a 2000 ans, et sa vie et ses actions dans nos cœurs ; entre sa naissance à Bethléem, sa mort et sa résurrection d'une part, et d'autre part, sa venue dans notre âme à laquelle il s'unit, par les souffrances qu'il y endure avec elle, et enfin la joie de l'âme qui a traversé victorieusement ses épreuves, et qui ressuscite avec Jésus pour l'éternité.

C'est dans cette lumière de la correspondance de l'histoire de la Rédemption avec l'histoire de notre âme que je voudrais jeter aujourd'hui avec vous un coup d'œil sur la période qui a précédé et préparé la venue de Notre Seigneur sur cette terre.

Il y a trois personnes qui jouent un rôle immédiat dans la préparation de la fête de Noël : la Très Sainte Vierge, saint Joseph et saint Jean-Baptiste. C'est de ce dernier que je vous entretiendrai ce soir.

Rappelez-vous ce que dit à son sujet Notre Seigneur lui-même dans l'Évangile d'aujourd'hui : « Quel est donc cet homme que le peuple va voir et écouter dans le désert ? Ce n'est pourtant pas un prince vêtu d'étoffes magnifiques, mais il est plus grand que tous les princes et même que tous les prophètes, car c'est l'ange, c'est-à-dire l'envoyé de Dieu qui prépare le chemin devant moi. Et personne n'est plus grand que lui parmi les hommes » (cf. Lc 7, 24-28).

Il y a déjà dans ces quelques paroles, un enseignement singulier. Le plus grand des hommes, ce n'est pas celui qui conquiert des empires ou qui bâtit des villes, cela nous le savions déjà, mais ce n'est pas non plus celui qui fait des grands actes de vertu, des pénitences et des miracles. Non, c'est plus simple que cela : *le plus grand parmi les enfants des hommes, c'est celui qui prépare le chemin au Bon Dieu.*

Il y a une grande, une monstrueuse erreur qui nous est commune à tous, et que nous n'arriverons jamais à déraciner complètement. Cette erreur la voici : nous nous imaginons toujours que nous allons faire quelque chose par nous-même, nous comptons plus ou moins sur nos propres forces. Mais par nous-même, comme le dit Notre Seigneur en un autre endroit de son Évangile (Lc 12, 25), nous ne sommes pas capables d'ajouter trente centimètres à notre taille. Ceci est vrai en tout mais c'est surtout vrai en ce qui concerne la vie d'oraison, la vie intérieure. Nous ne pouvons pas nous donner les grâces dont nous avons besoin, grâces de lumière et d'amour, grâces de force et de douceur, nous sommes des mendiants et pis que cela, car nous ne sommes pas même capables, souvent, d'exprimer nos besoins, de les connaître; il n'est personne d'entre nous qui n'ait sur ce point, une expérience cruelle et décisive.

Cette vie d'oraison, cette lumière et cette force surnaturelles qui nous permettraient de vivre continuellement dans la présence et dans l'amitié de Dieu, c'est pourtant là ce que nous désirons tous avoir. Et de fait, il nous est indispensable de l'acquérir si nous voulons réaliser l'idéal que nous nous sommes proposé en entrant en Chartreuse. Mais si, comme nous venons de l'affirmer, nous ne pouvons pas nous la procurer par nous-même, qu'allons-nous faire? nous croiser les bras? Non, pas tout à fait, nous allons faire ce que fit saint Jean-Baptiste; préparer la voie à Notre Seigneur.

Et remarquez bien, ceci n'est pas un petit travail, ni une tâche facile que l'on peut entreprendre à ses moments perdus et achever sans trop d'efforts. Nous ne pouvons pas du tout nous donner ces grâces, mais nous pouvons nous préparer à les recevoir, nous devons nous y préparer en écartant les obstacles: et ceci, c'est à la fois un travail de force et de patience auquel chacun de nous doit s'appliquer sans cesse. Et c'est un travail qui exige de la générosité, comme Notre Seigneur nous le dit, en parlant encore de saint Jean-Baptiste: depuis que la voie du ciel est ouverte, on peut le conquérir, mais à condition de se faire violence et de ne pas se ménager. «Depuis saint Jean-Baptiste, le Royaume du Ciel souffre violence, et ce sont les violents qui l'emportent de force.» (Mt 11, 12) Voilà donc notre tâche bien définie: préparer le chemin à Notre Seigneur en nous faisant violence et en triomphant de nous-même.

Mais celui dont nous voulons prendre aujourd'hui une leçon – saint Jean-Baptiste – précise encore un peu ce que doit être ce travail que nous opérerons dans nos âmes. Voici ses paroles: «Je suis la voix de Celui qui crie dans le désert: Préparez les chemins du Seigneur, nivelez ses sentiers, toute vallée doit être remplie, toute montagne et toute colline doivent être aplanies. Ce qui est courbé doit être redressé, et ce qui est inégal doit devenir égal» (Luc 3).

Réfléchissons un peu à ces paroles: que voulait dire le mystérieux précurseur, nourri de miel sauvage et de sauterelles, en quel sens devons-nous aplanir les sentiers de notre âme, combler nos vallées, raser nos montagnes ? Comment égaliser notre âme pour que Notre Seigneur puisse facilement y venir, y pénétrer et, s'y établir ?

Les inégalités de notre âme qui la rendent difficilement pénétrables au souffle de l'Esprit saint, et qui entravent par conséquent le développement de notre vie intérieure, *ce sont nos affections et nos penchants déréglés*, tout amour et toute haine, toute joie et toute douleur qui ont pour objet la créature et qui, par conséquent, nous détournent de Dieu. Disons d'abord quelques mots de l'affection que nous pouvons ressentir dans nos relations extérieures : amitié pour des personnes ou attachement à des choses.

Sans doute, il ne nous est pas défendu d'aimer nos frères, nous avons même le devoir de les aimer. Il ne nous est même pas défendu, au sens strict du mot, d'aimer un confrère plus qu'un autre. Mais il est certain néanmoins que, pour des contemplatifs, l'idéal de l'amour pur et désintéressé, c'est d'aimer tous les hommes de tout son cœur, sans même nous demander si l'un nous plaît plus que les autres, selon ce qui est dit dans l'Évangile : « Soyez comme votre Père céleste qui fait luire son soleil sur les bons comme sur les méchants ».

Quand nous ressentons une affection particulière, demandons-nous avec loyauté pourquoi nous aimons ce confrère plutôt que les autres ? Nous ne tarderons pas, dans la grande majorité des cas, à découvrir que le fond de notre préférence n'est autre chose que l'amour-propre ; c'est parce que ce confrère est plus gentil avec nous, parce qu'il a confiance en nous, parce que les relations avec lui sont plus agréables, parce que lui-même nous témoigne de l'affection en retour. Toutes raisons qui se ramènent plus ou moins à l'amour-propre et qui n'auraient aucune prise sur nous si nous étions vraiment surnaturels et si nous avions donné totalement notre cœur au Bon Dieu. Il est évident que de telles affections gênent nos rapports avec Dieu, qu'elles diminuent la ferveur et la profondeur de notre vie spirituelle. Celui qui aime vraiment les hommes, les aime tous en Dieu, d'un amour trop immense pour pouvoir s'attacher à l'un ou à l'autre. Notez-le bien, cette indifférence du contemplatif est tout autre que l'indifférence de celui qui est trop égoïste pour aimer. L'égoïste a le cœur trop petit pour aimer autre chose que lui-même; le contemplatif a le cœur trop grand pour s'attacher à autre chose qu'à Dieu.

Si notre cœur, fait pour Dieu, est trop grand pour s'attacher à un homme, à plus forte raison est-il trop grand pour s'attacher à une chose. Pourtant, il arrive souvent que nous perdions notre équilibre intérieur parce que nous tenons à un objet ou, plus souvent encore, à une occupation. C'est pour nous surtout, moines contemplatifs, c'est pour nous, Chartreux, que saint Paul a donné ce conseil: «de faire les choses comme ne les faisant pas» (1 Co 7, 30). Le défaut contre lequel il veut nous mettre en garde présente pour nous, me semble-t-il, deux formes principales: attachement à un travail qui nous a été confié par nos supérieurs, ou bien recherche curieuse d'une occupation étrangère à notre travail.

Sur la première forme, je ne crois pas nécessaire de m'étendre; nous n'avons que trop souvent des exemples de religieux avec lesquels on doit prendre toutes sortes de ménagements, pour savoir si tel ou tel travail, telle ou telle charge leur plaît, si on peut les changer d'obédience sans qu'ils ne perdent courage...

Comprenez bien ce que je veux dire: nous pouvons, et nous devons même faire connaître à nos supérieurs nos besoins et aussi nos capacités. Mais il n'en est pas moins vrai que nous devons être toujours prêts à faire le sacrifice de nos préférences personnelles, dès que nous sentons que Dieu nous le demande.

Sur ce point, nous nous ressemblons malheureusement tous et notre pauvre nature humaine s'attache comme une ancre à tout ce qu'elle rencontre. Voici une autre forme que prend souvent notre attachement à la terre: les religieux qui ne sont pas très perdus en Dieu éprouvent de temps en temps des accès de curiosité qu'il est naturellement plus ou moins difficile de satisfaire pour un objet ou pour un autre. Tel veut un livre, tel autre veut écrire à diverses personnes, etc. Une telle curiosité crée dans l'âme une préoccupation et par conséquent, un trouble. L'âme n'est plus égale, elle n'est plus calme et sereine et Notre

Seigneur s'en va. Il faut de toute urgence faire ce que saint Jean-Baptiste nous conseille de faire: « niveler l'âme, aplanir les sentiers du Seigneur ».

Ce que nous avons dit jusqu'ici concerne notre attachement aux satisfactions extérieures, mais il est d'autres plaisirs auxquels notre amour-propre s'attache d'une façon plus subtile et bien dangereuse encore pour la solidité de notre vie spirituelle. Ce sont les consolations, les douceurs, les accès de ferveur et de grâces sensibles que beaucoup de personnes reçoivent lorsqu'elles commencent leur vie intérieure. On se met en présence de Dieu, on fait le chemin de la Croix, on dit les litanies de la Sainte Vierge et le cœur est tout chaud, tout attendri. On a des instants délicieux en présence du Saint Sacrement: on se sent plein de feu et d'ardeur pour le service du Bon Dieu. Malheureusement, de tels états ne durent pas; d'abord, ils sont intermittents et puis, au bout de quelques mois ou de quelques années, on s'aperçoit que l'on devient plus froid et plus sec et on se demande si c'est la vie intérieure qui a diminué et si l'on est encore dans l'amitié du Bon Dieu.

Mais là aussi, il faut se rappeler que les joies, même ces joies très pures, ne sont encore que des accidents de l'âme: il ne faut jamais leur accorder qu'une importance secondaire. Sans doute, lorsque le Bon Dieu nous envoie de telles douceurs et de tels élans, il faut les accepter avec reconnaissance et nous efforcer d'en profiter en étant bien fidèles et bien généreux. Mais il faut bien savoir que ces grâces ne constituent pas la sainteté ni la vie intérieure. Si nous les avons utilisées comme nous le devons, elles s'en iront pour faire place à des grâces plus profondes, à un attachement bien plus pur et plus solide de la foi et de la volonté qui étreignent Dieu dans la sécheresse et dans les ténèbres avec une obstination passionnée. Celui-là qui vit ainsi sans rien sentir peut-être que le souffle glacé des tentations et des doutes, mais fidèle, immobile, cramponné en quelque sorte à Dieu: celui-là ressemble vraiment au Divin Crucifié, c'est un enfant de Dieu. Il amasse des trésors de lumière pour la vie éternelle et, le jour où le vrai visage des hommes sera enfin révélé, les anges s'inclineront devant sa beauté!

X

SUITE DU MÊME SUJET : PRÉPARATION

« Comblez les vallées, rendez droits les sentiers du Seigneur... » Nous avons dit ce qu'il fallait entendre par la destruction et le nivellement des montagnes de notre âme ; voici maintenant ce qu'il faut comprendre sans doute quand saint Jean-Baptiste nous parle de *combler les vallées* : Il s'agit, me semble-t-il, de nos aversions et de nos rancunes, de nos craintes et de nos tristesses, en un mot, de tous les *sentiments douloureux de l'âme.* Il faut aussi les maîtriser et les surmonter afin que la procession invisible de la grâce divine puisse traverser sans obstacle le chemin de nos cœurs.

Il est à peine besoin de s'étendre sur ces côtés négatifs de l'indifférence et de l'égalité surnaturelle où nos âmes doivent être établies, car ce que nous avons dit des dangers que présentent les joies naturelles ou les désirs humains, et des misères qu'entraînent ces passions, nous pourrions naturellement le répéter des sentiments opposés. Ce qui est nuisible à l'âme, ce n'est pas précisément la joie ni la douleur, c'est la sensibilité aux choses de ce monde.

Il y a, nous dit saint Paul, une tristesse selon Dieu, et une tristesse selon la chair. Quand on pense que l'on a tant offensé Dieu, et que l'on a si peu fait pour Sa gloire, quand on a conscience des millions d'offenses qui sont faites sans cesse à la divine Majesté, assurément on souffre. Mais c'est une souffrance calme et sereine qui n'enlève pas à l'âme sa paix. Elle nous pousse et nous donne des forces pour le service de Dieu. C'est elle qui fait les religieux humbles et généreux, les âmes expiatrices et réparatrices. C'est de cet état d'âme que saint Paul a dit: la tristesse selon Dieu donne l'esprit de pénitence (2 Co 7, 10).

Mais la tristesse selon le monde, ajoute-t-il, donne la mort. La tristesse selon le monde, c'est celle qui vient de l'amour-propre blessé ou privé des biens qu'il convoite. Un supérieur nous fait une observation un peu dure ou nous a refusé quelque chose. Un confrère a cru devoir nous dénoncer alors que nous étions en faute... Aussitôt, notre cœur se révolte, il nous vient toutes sortes de pensées mauvaises et si nous n'y prenons pas garde, si nous ne réagissons pas énergiquement, nous sentons bientôt notre âme toute troublée, et Dieu nous quitte. S'abandonner à de tels états d'amertume aussi bien que se laisser aller à la mélancolie des souvenirs et des regrets, ce sont pour un religieux, des fautes qui manifestent un manque de vie intérieure, des relations bien relâchées et bien ralenties avec le Bon Dieu, et qui promettent, si on les renouvelle, de refroidir et finalement d'éteindre ce qui peut rester encore dans l'âme du foyer primitif de la piété et de la ferveur.

Faisons, en passant, une mention spéciale à la mauvaise humeur. Un moine, un cœur qui s'est donné vraiment à Dieu, ne doit jamais se fâcher. Si nous nous fâchons, c'est toujours pour des motifs d'amour-propre. Les injures que nous croyons subir, l'indignation contre les défauts des autres, la révolte devant les injustices et les calomnies dont nous sommes l'objet: tout cela n'existerait pas si vraiment nous avions donné tout notre cœur à Jésus, et si nous ne cherchions plus nos aises, nos consolations et les mesquines satisfactions de notre petite personne.

Et il est encore une tristesse que nous ne devons pas laisser pénétrer dans notre âme, une tristesse plus profonde et plus dangereuse que toute autre, sans doute, parce qu'elle est plus intime. C'est le découragement. Vous n'ignorez pas que la purification de l'âme s'opère par une série d'épreuves intérieures ou extérieures, qui sont d'autant plus bienfaisantes qu'elles sont supportées avec plus de courage. Comment supporter une épreuve de façon à ce que nous en sortions plus purs, plus forts, plus unis à Dieu? En ne la laissant pas pénétrer jusqu'au fond de notre âme: en lui disant non. Non! amertumes, scrupules écrasants, doutes sur ma prédestination, fatigue spirituelle, dégoût, écœurements, lassitudes, ténèbres, obscurités, purgatoires et enfers intérieurs, non ! vous ne ferez pas reculer ma confiance. Je ne sens plus rien, je ne vois plus rien, mais je veux quand même croire et espérer en Dieu. Je resterai fidèle à ma vocation et à mon idéal de dévouement et d'abandon à Dieu, quand bien même la tempête spirituelle soufflerait dix fois plus fort. Je connais des âmes qui, pendant des années, ont lutté de cette façon contre le doute, le scrupule et l'angoisse, qui se sont forgé ainsi une trempe d'acier et qui, aujourd'hui, dans la joie de l'union profonde et continue avec Dieu, bénissent ces années de tourments qui semblaient ne devoir jamais finir et les ont préparées et mûries pour la béatitude présente.

Mais je sais que de telles promesses ne soulagent que bien faiblement l'âme aux prises avec ces orages. Tel est précisément le caractère qui fait la dureté de ces épreuves : aucune aide extérieure ne peut nous soulager et nous sommes en quelque sorte certains que cela ne finira jamais. Souvenez-vous seulement que plus nous sommes vigilants et énergiques, pour refuser l'entrée de notre cœur à ces souffles de désespoir, plus le démon se fatigue vite et plus la moisson de grâces sera grande lorsque se lèvera de nouveau le soleil de la paix.

Car c'est là l'exemple et le conseil muet que nous a donnés le Précurseur : couper court et attaquer le mal par sa racine. C'est ainsi qu'il a fait lui-même : abandonnant très jeune le monde, sa famille, ses biens et ses amis pour s'en aller vivre tout seul au désert. On ne dira jamais assez combien ceci est important dans les travaux et les luttes de la vie intérieure : surveiller les commencements, ne pas faire de petites concessions. Dès qu'on surprend une mauvaise tendresse ou une pensée méchante, vite, faisons comme saint Jean-Baptiste, détournons-nous et retirons-nous courageusement dans la solitude intérieure où Jésus nous attend. Ne jouons pas, ne badinons pas avec les pensées sensuelles ou avec les pensées de découragement : soyons debout à la porte de notre propre cœur, comme un soldat armé d'une épée à deux tranchants, et ne laissons rien passer qui ne porte le cachet du surnaturel et la marque du divin.

Ce principe est si important que je voudrais le graver dans vos mémoires par quelques exemples. Considérez un fleuve à sa source : qu'il est facile d'en détourner le cours. Un enfant peut le faire en creusant une petite rigole dans la terre. Mais si l'on attend que le fleuve ait coulé pendant 50 kilomètres, il devient humainement impossible de changer sa direction. Il en est de même des mauvaises pensées. Lorsqu'elles viennent à peine de naître, il suffit d'un peu de volonté pour détourner l'attention. Mais si l'on attend qu'elles aient envahi l'âme et qu'elles l'aient emplie de leurs flots impurs, entraînant concession après concession et faute après faute, certes, ce sera une toute autre affaire que de s'en débarrasser.

Saint Jean-Baptiste a jugé sans doute que l'homme dans le monde est semblable à un arbre planté dans une mauvaise terre. Si on l'arrache tout petit et qu'on le transporte dans la bonne terre, il croîtra et donnera du fruit. C'est ce qu'il fit pour lui-même en quittant le monde si jeune. Il est si facile d'arracher une petite pousse de sapin : mais arracher un grand sapin c'est impossible. Si l'arbre a été planté dans un lieu défavorable où il a pris une mauvaise direction, et qu'on a attendu trop longtemps pour le transplanter, il ne reste plus qu'une chose à faire : le couper et le jeter au feu. Car Notre Seigneur nous en avertit : tout arbre qui ne donne rien de bon pour la vie éternelle sera jeté au feu (Mt 3, 10).

Imitons donc ce saint, sauvage et doux, ce mangeur d'insectes et de miel qui fut en quelque sorte le premier Chartreux ; soyons vigilants, énergiques et prompts dans la lutte avec nous-mêmes, coupons court à ce qui nous empêche de vivre unis au bon Dieu. On peut dire que cet amour des solutions radicales est caractéristique de l'esprit monastique et surtout de l'esprit cartusien. Et c'est, au fond, ce qu'il y a de plus habile. Car il est plus facile de renoncer carrément, totalement, d'un seul coup, à ce qui nous trouble et nous gêne, (par exemple, à une curiosité, à un désir de vanité) que de vouloir le satisfaire à moitié tout en restant dans l'amitié de Dieu. Une âme divisée c'est une âme malheureuse. Ceux qui ne pensent pas du tout à Dieu peuvent goûter les grossières jouissances des sens. Ceux qui se donnent totalement au Bon Dieu sont heureux comme des oiseaux, comme des enfants, comme des anges, parce qu'ils n'ont plus de soucis. Mais ceux qui veulent donner tout en gardant, être à la fois au Bon Dieu et à eux-mêmes, avoir les consolations de Jésus et encore d'autres consolations, ceux-là sont toujours inquiets, hésitants, troublés. Ils ne peuvent pas être heureux. Ainsi donc, pour réussir dans la vie intérieure comme dans toute chose, retenez ces deux conseils : surveiller les commencements et les principes et ne jamais prendre de demi-mesures.

Pour terminer, disons un mot de ce qui se produit dans l'âme lorsqu'elle a suivi fidèlement le conseil de saint Jean-Baptiste et qu'elle s'est purifiée des joies et des douleurs de l'amour-propre, lorsqu'elle ne se laisse plus entraîner par les plaisirs petits ou grands ni abattre par les chagrins et les contrariétés.

Ces affections et ces passions, ces attendrissements sur nous-mêmes, ou sur d'autres, ces désirs et ces amertumes avaient fait perdre à notre âme sa sérénité : elle était agitée de toutes sortes de mouvements qui ne permettaient plus à la lumière de la traverser.

Maintenant, nous l'avons établie dans le calme et voyez : c'est comme une eau qui, tout à l'heure, était agitée et troublée, et qu'on laisse en repos quelques instants. Le trouble disparaît peu à peu ; elle retrouve sa limpidité, la lumière du soleil la traverse de nouveau et s'y réfléchit comme dans un cristal. Ainsi fait la lumière de Dieu dans l'âme où s'est apaisé le tumulte des passions égoïstes : cette âme retrouve la paix et la confiance et la douce lumière de la foi. La voici de nouveau toute claire et franche comme l'eau pure, loyale avec Dieu et avec elle-même, humblement bienfaisante, douce, charitable pour les autres dans les petites choses comme dans les grandes.

Nous autres solitaires, nous pouvons faire beaucoup pour la gloire du Bon Dieu et le salut des âmes, simplement en offrant au Bon Dieu un cœur calme, pacifié par le sacrifice, où Dieu puisse venir Se reposer comme le rayon de soleil dans le cristal, Se reposer, dis-je, Se multiplier en quelque sorte, et rayonner en clarté de foi et en consolation d'espérance sur les âmes qui nous sont proches et sur celles qui nous sont lointaines, dans ce monde et dans l'éternité.

XI

SUR LA CHARITÉ FRATERNELLE

La Charité envers le prochain consiste à aider les autres à trouver leur but dans la vie et à atteindre ce but.

En Chartreuse, nous savons quel est le but de la vie : c'est d'arriver à être uni à Dieu. Ce qui est vraiment charitable, c'est ce qui aide le prochain à s'unir à Dieu.

Cette charité a d'abord un côté négatif, c'est-à-dire qu'il faut éviter tout ce qui pourrait gêner la vie intérieure des autres, il ne faut pas être tyrannique.

On rencontre quelquefois des religieux qui sont très pieux, qui ont l'air de s'intéresser beaucoup aux choses de Dieu et qui ont même une certaine sévérité avec eux-mêmes, mais qui ont toujours à la bouche une critique ou une plainte à l'adresse d'un confrère ou d'un autre. Ils voudraient que tout le monde suive leur voie, ait leur façon d'aimer Dieu et de comprendre la vie religieuse. Mais cela, c'est impossible. Et c'est une source de souffrances et de difficultés sans fin pour ces religieux eux-mêmes et pour leurs confrères. Leur vie intérieure ne peut pas devenir vraiment pure et profonde. Aussi bien dans l'intérêt de la communauté que dans son propre intérêt, il faut que chacun de nous respecte la liberté du prochain.

Vous savez que, par une fâcheuse conséquence de leur nature mauvaise, les hommes se supportent difficilement les uns les autres. D'ailleurs, c'est une chose générale : tout nous fatigue au bout de quelque temps. Une maison, un objet, une personne, tout cela nous enthousiasme, nous charme peut-être quand c'est nouveau ; au bout de quelques temps, nous y sommes devenus indifférents, nous n'y faisons plus attention. Encore quelques temps et nous en avons plus qu'assez, nous voudrions changer. Et ceux qui cèdent à leur caprice et qui changent souvent finissent par se fatiguer aussi du changement, ce qui fait qu'ils sont constamment malheureux.

En résumé : nous sommes faits pour Dieu, pour l'amitié de Dieu, l'intimité avec Dieu. Il est donc tout naturel que nos confrères ne nous satisfassent pas. Nous les trouvons pleins de défauts, d'égoïsme et d'amour-propre et, par périodes, ils nous agacent au point que nous en sommes obsédés.

Eh bien ! Si nous voulons être charitables, c'est-à-dire suivre Notre Seigneur dans sa voie d'amour, nous nous efforcerons d'éviter autant que possible d'imposer à notre prochain l'épreuve que nous venons de décrire. Nous éviterons donc avec soin tout ce qui peut gêner nos confrères c'est-à-dire que nous nous gênerons un peu nous-même. Supposons, par exemple, un religieux qui a une tendance à se négliger, au désordre sur sa personne et autour de lui et en soi, ce n'est pas un défaut bien grave mais il peut devenir exaspérant pour les autres. Il s'efforcera donc de se surveiller, d'être plus attentif et plus soigneux. Même chose pour la brusquerie, l'impatience, etc. Tous ces actes un peu pénibles que nous nous imposons, ce sont des actes d'amour, ce sont des roses de lumière que nous offrons à Jésus et à chaque fois que nous avons remporté une de ces petites victoires de la charité, la Sainte Vierge nous regarde en souriant.

Nous tâcherons donc d'abord, de ne pas faire souffrir notre prochain. Et ensuite, de le supporter avec patience quand il nous fait souffrir, ce qui arrivera nécessairement de temps en temps pour la raison que nous avons donnée tout à l'heure. Mais comment faire des progrès dans la patience ?

La première précaution à prendre lorsque quelqu'un nous a irrité, agacé ou blessé, c'est de ne pas prendre de décision tout de suite. Savoir attendre jusqu'au lendemain. Souvent une nuit suffit pour nous faire voir les choses sous un autre jour.

Ceci, c'est un remède naturel mais je n'ai pas cru devoir négliger cet aspect parce qu'il a une certaine valeur.

Le deuxième remède est aussi un remède naturel : c'est l'action, l'application méthodique à un travail journalier. Comme en Chartreuse on n'a guère de loisirs, je n'insiste pas sur ce remède-là.

Venons-en maintenant aux remèdes surnaturels. Il n'y en a qu'un, c'est l'amour divin. Mais il y a néanmoins deux façons de vaincre ses difficultés et de les supporter surnaturellement. Les termes qui caractérisent ces deux remèdes surnaturels sont : méditation et contemplation.

La méditation nous est très utile pour nous aider à supporter les défauts du prochain, surtout lorsque nous méditons sur nos propres misères (c'est incroyable comme on oublie facilement ses défauts en parlant de ceux des autres).

Lorsque nous méditons les souffrances de Notre Seigneur et les exemples des saints, nous pouvons également en tirer grand profit. Par exemple, dans la vie de sainte Thérèse, il y a quelques exemples de patience qui vous donnent vraiment envie d'en faire autant. Malheureusement, quand le moment arrive, souvent on n'y pense plus.

La contemplation nous est très utile pour nous aider à supporter les défauts du prochain. C'est l'état d'une âme qui pense habituellement et amoureusement à Dieu. Il est évident que c'est ici le plus grand, le plus profond remède aux tentations d'impatience, de jalousie, de rancune. Ce n'est pas seulement la faute qui est rendue très rare pour ces âmes absorbées en Dieu, c'est la tentation même qui est affaiblie (on en a toujours quand même plus ou moins). L'idéal, en Chartreuse, c est d'arriver à vivre avec Dieu, à se perdre dans son amour d'une façon si totale qu'on oublie le prochain et soi-même. C'est quand nous en serons là que nous aurons la vraie charité, telle qu'il faut la comprendre en Chartreuse. Nous nous aimerons vraiment, c'est-à-dire que nous nous aimerons en Dieu.

Et nous pouvons être certains que, en vivant avec Dieu de notre mieux, nous rayonnons invisiblement, sur notre prochain, nous lui donnons quelque chose du trésor dont nous jouissons. Cette action invisible est infinie tandis que l'action visible est toujours plus ou moins entachée de vanité et de motifs d'amour-propre, et son efficacité surnaturelle est souvent bien moins grande encore qu'on ne se l'imagine. Elle ne peut s'exprimer, en effet, que par les paroles, les écrits, etc. et n'a que des limites très étroites.

Mais vous me direz sans doute : je connais depuis longtemps ces conseils. Cependant, lorsqu'un confrère ou un supérieur m'a blessé, a été injuste ou hypocrite avec moi, mon sang bout ; je ne peux plus penser à autre chose pendant deux jours : tous ses défauts et quelques autres se présentent de force à mon esprit et finalement, je lui laisse voir qu'il me déplaît. Eh bien ! qu'est-ce que cela prouve ? Que vous êtes sensible, que vous avez encore de l'amour-propre, tout simplement. Mais vous avez déjà gagné quelque chose, et même beaucoup, si vous accusez votre sensibilité et votre nature susceptible au lieu d'accuser le confrère. Ce qui est terrible, ce sont ceux qui ne comprennent pas et qui s'obstinent à accuser le prochain. Donc, la première chose, c'est de comprendre que nous sommes sensibles et donc qu'il faudra toujours souffrir un peu, que nous sommes pleins d'amour-propre et que nous ne devrions pas l'être.

La deuxième chose, c'est de vouloir souffrir un peu plutôt que de faire souffrir le prochain, et cela par amour de Jésus et pour plaire à Dieu.

XII

LA CONFIANCE EN JÉSUS

Saint Bernard, dans un sermon célèbre sur le saint nom de Jésus, dit que ce Nom est un remède merveilleux contre toutes les plaies de l'âme. Et c'est pour cela sans doute, ajoute-t-il, que la sainte Écriture nous dit que le Nom du Seigneur est un baume, un parfum répandu (cf. Ct 1, 3).

Le nom de Jésus veut dire en hébreu: Sauveur. Et en effet, nous sommes des malades, des agonisants perpétuellement en proie à d'innombrables cauchemars. Nous sommes des naufragés battus sans relâche par les flots d'une mer impitoyable et que menace à chaque instant la mort. Si Notre Seigneur nous apparaît aujourd'hui sous les traits d'un petit enfant, c'est afin de nous guérir des maux et de nous sauver des périls dont nous faisons tous l'expérience aussitôt que nous sommes entrés dans ce monde de péché.

Lorsque l'on veut guérir un homme qui a soif, on lui donne une boisson rafraîchissante. Lorsqu'on veut guérir quelqu'un qui a froid, on lui permet de s'approcher du feu. On traite chaque souffrance par un remède approprié et d'une façon plus précise, on traite généralement les maladies par des remèdes présentant des propriétés opposées au mal que l'on veut combattre. Partant de ce principe, nous pouvons nous demander: quelle est donc la maladie dont Notre Seigneur a voulu nous guérir en nous apparaissant sous cette forme enfantine? Quelles sont donc les plaies pour lesquelles Dieu a choisi comme remède le baume de son enfance?

Je crois qu'en se faisant tout petit par amour pour nous, Dieu voulait nous guérir d'une double maladie. Car la santé est un équilibre entre deux extrêmes et il y a toujours deux sortes de périls qui nous menacent : les deux excès contraires. Ainsi, c'est une maladie que de n'avoir pas d'appétit, mais c'est aussi une maladie que d'avoir trop d'appétit. Être nerveux, c est une maladie, mais ne l'être pas assez, c'est aussi une maladie... Certainement ce serait un bon et habile pharmacien que celui qui, au lieu de nous donner deux remèdes opposés, trouverait moyen, par un seul, de nous préserver à la fois de ces deux excès contraires et du double danger qui nous menace. Eh bien ! c'est précisément ce que la Providence a fait en donnant pour remède à l'humanité malade un Dieu enfant. Réfléchissons quelques instants sur nous-mêmes, sur notre passé et sur la destinée de tout homme, et demandons-nous un peu de quelle maladie nous souffrons.

Il me semble que notre mal le plus universel et le plus profond, celui dont nous avons souffert dans notre enfance, et dont nous souffrons encore chaque jour, c'est la peur. Il nous arrive souvent, dans une circonstance malheureuse, que la peur soit pire que le mal. Notre Seigneur nous invite à vivre au jour le jour. Ne pensez pas à ce que vous ferez le lendemain. À chaque jour suffit son mal. Soyez sans inquiétude comme les petits oiseaux et les fleurs des champs. Oh ! si nous pouvions comprendre ces paroles, si nous pouvions nous établir une fois pour toutes dans cette tranquillité sans fond, dans cette confiance inébranlable en Dieu, que nous serions forts et légers, que nous ferions de rapides progrès dans les voies intérieures. Mais c'est précisément ce que nous ne savons pas faire. Nous sommes toujours inquiets du lendemain, nous avons toujours peur de l'avenir. Avant, bien avant que le malheur ou les difficultés dont nous redoutons l'approche ne soient présentes, nous commençons à souffrir, nous nous tourmentons de mille façons, en sorte que notre crainte multiplie inutilement nos souffrances. Et, bien souvent, lorsque l'événement attendu avec tant d'angoisse est arrivé, nous nous apercevons que nous avions eu bien tort de tant nous inquiéter et que la chose, vue de près, est beaucoup moins terrible qu'elle ne paraissait de loin.

Il y a donc beaucoup de craintes illusoires, beaucoup d'appréhensions vaines et de doutes injustifiés qui viennent se joindre à nos souffrances réelles pour en augmenter le poids et les rendre insoutenables.

Mais il faut aller plus loin que cela. Non seulement il est vrai de dire : la peur exagère toujours le mal, mais il est également vrai de dire : il n'y a pas d'autre mal que la peur. Pour comprendre ceci, réfléchissons un peu à la façon dont nous verrons les choses dans la lumière divine lorsque, dépouillés de ce corps et de ses passions, qui nous aveuglent, établis nous-même dans l'éternité, nous pourrons suivre et reconnaître les desseins de la Providence dans tous les évènements et plus particulièrement, dans les évènements de notre vie. Alors nous nous apercevrons qu'il n'y a pas réellement de différence entre ce que nous appelons des évènements heureux et des évènements malheureux, puisque les uns et les autres viennent de Dieu, et doivent, les uns et les autres, concourir à notre sanctification si nous les acceptons avec patience et douceur.

Remarquez bien que ce que je dis là n'est ni une exagération, ni une invention nouvelle. Dès que vous admettez que Dieu existe, vous admettez qu'Il gouverne toutes choses et que, par conséquent, tout concourt à sa gloire. On a dit quelquefois, très justement, que cette première vérité de notre religion, est la plus certaine et la plus évidente de toutes. Que Dieu existe, cela devrait suffire à notre consolation et à notre joie parfaite. Nous avons un Père dans le Ciel (et aussi dans le ciel de notre cœur dès que nous sommes en état de grâce), un Père infiniment bon et tout-puissant. Tout le reste, toutes les pensées et les actions, n'est là que pour remplacer ce que notre foi en cette vérité première, a d'insuffisant et d'obscur. Tout vient de Dieu et tout retourne à Dieu, tout l'univers entier et le plus petit insecte, les révolutions comme nos petits chagrins quotidiens, nos bonnes actions, nos fautes aussi, dès que reconnues et reniées, tout travaille à manifester la bonté divine. Si les choses nous apparaissent mauvaises, nuisibles, ou redoutables, c'est donc uniquement parce que nous ne les voyons pas dans la lumière de Dieu. Nous les considérons de notre point de vue d'hommes, non pas du point de vue de Dieu. C'est l'obscurité qui engendre la peur. Cela est vrai pour les âmes comme c'est vrai pour les sens. Nous traversons cette vie comme un pays inconnu, la nuit. Et nous tremblons à chaque instant, nous nous effrayons chaque fois que nous entendons un bruit. Nous croyons que tout veut nous faire du mal. Il nous semble que des géants nous attendent au bord de la route pour nous dévorer. Nous croyons que des armées de fantômes nous poursuivent et gémissent autour de nous. Mais dès que nos yeux sont ouverts dans la lumière de l'éternité, ou même dès ici-bas dans la lumière de la grâce, nous voyons que nous étions conduits sur cette route par le Père, qui nous aime infiniment. Les géants qui nous faisaient peur, c'étaient les arbres au bord de la route, des arbres bons et utiles dont nous ne savions pas nous servir. Et le bruit, que nous avions pris pour des menaces ou des gémissements de fantômes, c'est le murmure du vent dans les branches ou le cri d'un pauvre oiseau nocturne qui s'enfuyait à notre approche et qui était bien incapable de nous faire le moindre mal.

Oui, nous avons peur de tout, nous manquons en toutes circonstances de confiance et de sûreté. Et c'est justement cela qui nous fait tomber ; c'est la cause principale de notre faiblesse. Vous connaissez le rôle de la peur et les maux qu'elle entraîne dans l'ordre naturel. Un homme qui marche sur une petite planche posée à terre ne risque guère de tomber : parce qu'il n'y pense pas. Mais si cette planche est jetée comme un pont entre deux maisons, de 30 m de hauteur, il a de grandes chances de se casser le cou : précisément parce qu'il a peur.

Vous savez aussi que dans une bataille, celui qui est perdu ce n'est pas toujours celui qui est inférieur en forces, mais c'est le premier qui prend peur. C'est pour cela que le secret de la victoire, c'est de ne rien craindre et de faire croire à son ennemi qu'on est très fort.

De même encore le malade qui a peur de l'avenir est très difficile à guérir. Bien plus, l'homme sain qui a peur d'être malade finit toujours par tomber malade. Pourquoi ? Parce que la confiance est la première condition de la santé. Eh bien ! il en est de même dans l'ordre surnaturel. Celui qui est sûr de Dieu, qui joue toute sa vie la carte de la foi et de l'espérance, sans hésiter et sans trembler, celui-là est plein de force et la pratique de la charité ne lui coûte pas. Les sacrifices sont faciles ; il n'est même plus question de sacrifices quand on est certain de l'amitié de Dieu. On donne volontiers n'importe quoi et on n'appelle pas cela un sacrifice.

Remarquez bien que ce manque de confiance dont nous souffrons c'est une espèce de peur. Nous avons peur que Dieu ne nous aime pas ou ne vienne pas à notre secours. Et comme nous avons peur de Dieu, nous avons peur de toutes choses. C'est pour cela que nous n'avons ni gaieté de cœur, ni enthousiasme, ni courage. Si au lieu d'avoir peur de Dieu, nous étions sûrs de Lui, nous ne craindrions ni le monde, ni la chair, ni la souffrance, ni le passé ni le futur, ni les autres ni nous-mêmes. Nous regarderions le monde comme un enfant regarde sa balle et encore une balle de mauvaise qualité, une balle de six sous, et nous jouerions avec la mort comme avec une vieille nourrice.

Tant que nous avons confiance en Dieu, nous sommes adroits et forts. Le jour où nous perdons notre confiance en Dieu, nous tombons en langueur, même s'il n'y a aucun danger réel.

C'est donc la peur qui paralyse notre âme, et le manque de confiance qui nous fait reculer devant des sacrifices en soi ridicules qui nous ouvriraient la porte du ciel, et nous seraient aussitôt payés au centuple par une abondance de grâces inestimables. Nous restons sur place devant des obstacles insignifiants. Pourquoi ?... Parce que nous nous imaginons que Dieu est tout de même un peu méchant et par conséquent terrible. Je crois que c'est précisément pour nous guérir de cette ancienne et grave maladie, la crainte servile, la timidité avec Dieu, la méfiance à l'égard de la Providence, que Dieu nous est apparu sous la forme d'un petit enfant.

En effet, qu'y a-t-il de moins effrayant, de plus doux, de plus facile à aborder qu'un enfant ? Personne n'a peur d'un enfant, tout le monde s'en approche sans gêne et sans timidité. Ce Dieu dont on se détourne parce qu'on croit toujours qu'il va nous tendre des pièges ou qu'il va nous demander des choses impossibles, regardez-Le: Le voilà tel qu'Il désire être contemplé par nous. Voilà son visage tel qu'Il nous l'a révélé. A-t-Il l'air vraiment si sévère et si cruel? Avons-nous raison de nous méfier? Non, assurément, nous pouvons bien avoir l'audace de nous approcher de Lui; nous pouvons Lui parler sans crainte, nous pouvons êtres sûrs qu'Il ne nous fera pas de mal, qu'Il ne nous repoussera pas, qu'Il ne nous dira rien de méchant. C'est un petit enfant qui nous invite à nous pencher sur son berceau. Et remarquez bien ceci: non seulement Dieu s'est fait enfant pour nous enlever toute crainte, mais il s'est entouré des êtres les plus doux: un vieillard, une vierge, quelques bergers, un âne, un bœuf, et quelques petits agneaux. Approchons sans crainte, allons à Jésus en toute confiance: il n'y a rien de terrible autour de la crèche.

Dieu s'est fait enfant pour nous guérir de nos craintes vaines et pour nous inspirer confiance; car la peur, le manque de confiance et la timidité constituent une vieille et grave maladie de l'homme, dont nous sommes tous plus ou moins atteints. Mais l'enfance de Jésus, comme nous l'avons dit, est un remède à la fois pour deux maladies opposées. Nous avons parlé de la première disons quelques mots de la seconde.

Nous manquons de confiance en Dieu. Mais, tous aussi, nous manquons de délicatesse envers Dieu. Nous avons conscience, sans doute, d'avoir reçu des grâces de choix et souvent, dans la journée, nous nous sentons poussés par cette même grâce qui nous a conduits en Chartreuse, à faire ceci ou à omettre cela. C'est par exemple, un travail peu agréable, que nous pourrions prendre pour nous et éviter à un confrère. C'est un mot d'excuse ou une parole inutile dont nous sentons bien que nous ferions mieux de nous abstenir; c'est la promptitude à faire un geste d'obéissance, un détail d'exactitude ou un sourire de charité.

Nous sentons qu'en agissant ainsi nous plairions à Dieu, nous consolerions les âmes... Mais nous sommes trop lâches. Nous nous disons: pour cette fois-ci, cela peut bien passer. La prochaine fois, je me rattraperai... Et nous faisons le contraire de ce que Dieu nous demande. Voilà donc la deuxième maladie de l'homme, la froideur, l'égoïsme, le manque de délicatesse envers Dieu.

Tous les hommes manquent à la fois de confiance et de délicatesse. Nous ne sommes jamais sûrs de Dieu ni assez soucieux d'être fidèles à son Amour jusque dans les moindres détails. Néanmoins, il est certain qu'il y a des âmes qui manquent surtout de confiance et d'autres qui manquent surtout de délicatesse et de générosité... Eh bien! C'est aussi pour ces dernières que Dieu s'est incarné sous la forme d'un enfant.

XIII

LE BONHEUR SURNATUREL

En quoi consiste la béatitude d'après les théologiens ? Elle consiste à posséder Dieu. Le posséder, c'est-à-dire, Le Connaître et L'aimer parfaitement.

Sur la terre, nous ne voyons pas Dieu. Nous savons qu'Il existe, mais nous ne le voyons pas.

D'après saint Thomas, la vision de Dieu dans le ciel sera immédiate. Il le faut pour notre bonheur. Voici comment il explique cette vision immédiate.

Les objets créés que nous connaissons, nous les connaissons tous par une image. Par exemple, je connais le pommier, mais le pommier n'est pas dans ma tête, c'est seulement une image du pommier, aussi je ne le connais que très imparfaitement. Mais Dieu, Dieu seul, étant la cause et pour ainsi dire l'âme de toutes choses, est présent Lui-même dans mon esprit. Voilà pourquoi, voilà comment je puis Le connaître immédiatement, par Lui-même sans image. C'est cette connaissance que nous voulons, que nous devons avoir un jour et qui nous rendra bienheureux.

L'amour suit la connaissance. C'est surtout l'amour qui rend heureux. Sur la terre, nous voudrions aimer de tout notre cœur, mais nous n'y arrivons pas. Pourquoi ? Parce que nous ne voyons pas Dieu.

Sa vision rend impeccable, sa beauté sature le cœur d'amour. L'amour est à la fois la condition et la récompense.

Voici l'état de l'âme dans le ciel pour être susceptible de cette connaissance et de cet amour. Elle sera silencieuse, c'est-à-dire parfaitement docile et transparente à la lumière.

Elle sera immobile. La perpétuelle inquiétude de l'homme sur la terre poursuit les fugitives apparences. Au ciel, il possédera l'être.

Il ne cherchera plus. Il ne se fatiguera plus. Sur terre, le bonheur est impossible parce que l'homme se fatigue de tout : mode, politique, etc.

Elle sera objective, c'est-à-dire désintéressée. Il faut que nous arrivions à être heureux de la beauté de Dieu, heureux que Dieu soit Dieu. C'est ainsi que nous pourrons aussi jouir de la béatitude des autres.

Sur la terre, ce qui empêche les hommes d'être heureux, c'est que le bonheur des uns s'oppose à celui des autres : richesse, confort...

Mon Dieu, je suis heureux de ce que vous soyez vous-même : votre perfection me suffit : tout est bien ainsi. Je ne désire pas un degré plus élevé de gloire ; que m'importe ma gloire, du moment que vous êtes ce que Vous êtes.

Voilà ce que doit se dire l'âme bienheureuse, voilà ce qu'elle doit se dire pour être bienheureuse. Saint Augustin a exprimé ce sentiment dans une formule paradoxale et célèbre :

« Mon Dieu, si vous me proposiez de changer, de faire que moi, je devienne Dieu et Vous Augustin, je dirais : Non ! J'aime mieux que vous soyez Dieu et moi Augustin ou n'importe quoi, qu'est-ce que ça fait ? C'est Vous qui êtes mon bonheur, ce n'est pas moi ».

Le corps doit avoir aussi sa part de la béatitude céleste. Il faut qu'il suive le progrès de l'âme.

Impassibilité (et jouissance sensible, humanité de Jésus) subtilité, agilité, clarté : telles seront les propriétés des corps dans la béatitude.

Au premier abord, cette promesse d'une transformation et d'une résurrection nous étonne et pourtant, cela est en quelque sorte naturel si nous pensons à deux choses :

a) de telles métamorphoses sont fréquentes dans la nature : le gland donne un chêne, la chenille, un papillon).

b) nous sommes évidemment un être incomplet qui attend son épanouissement final : aussi cette croyance est-elle universelle.

Il est intéressant de songer à cette béatitude et d'en méditer la promesse pour mieux nous y préparer.

1) Nous nous efforçons par la mortification et la règle cartusienne de soumettre le corps à l'âme. Sans doute, nous ne le rendrons, ici-bas, ni agile ni lumineux, mais nous le rendrons obéissant et décent ; il ne sera pas subtil, mais du moins discret et docile. Il ne sera pas impassible mais du moins il sera patient, ce qui constitue la préparation la plus directe et le meilleur moyen de mériter l'impassibilité du ciel.

Toute notre vie s'efforce de spiritualiser le corps, par le travail et la patience, afin que cette spiritualisation s'achève dans la gloire.

2) Devenir immobiles : abandonnés à Dieu. L'homme du monde vit dans le devenir ; il passe son temps à désirer ou à rêver ce qu'il n'a pas.

Au contraire, l'homme spirituel est heureux de tout ce qui lui arrive, des circonstances dans lesquelles il se trouve placé, de son prochain avec ses défauts. Et même il est heureux de n'être qu'un pauvre pêcheur.

Vous voyez la différence et comment la résignation, l'abandon, la sainte indifférence d'une âme unie à Dieu, ressemble à cette immobilité, à cette stabilité de l'âme bienheureuse qui ne court plus après ce qui devient, après ce qui passe, mais qui se repose dans l'être, dans le présent divin et éternel.

L'âme qui fait des progrès dans la vie intérieure devient stable, et, en même temps, elle devient désintéressée. Elle est heureuse de prier, de travailler, de souffrir pour les autres, elle ne pense plus à sa propre récompense, et c'est au moment où elle y pense le moins qu'elle la possède déjà dans son cœur.

Enfin, nous nous préparons au bonheur du ciel en nous unissant à Dieu présent dans notre cœur. La vision ne nous est pas donnée ici-bas, mais nous avons la foi qui est une possession dans les ténèbres.

3) Développement de la spiritualité.

On commence par chercher Dieu dans les créatures extérieures (créé extérieur, naturel).

Puis dans les grâces sensibles (créé intérieur, surnaturel).

Enfin en Lui-même, c'est-à-dire sans plus s'occuper de ce que l'on sent ou ne sent pas, mais dans un abandon total, toujours content de ce que Dieu envoie, uni à sa volonté dans la confiance pure.

Alors vraiment, on peut dire que l'âme est unie à Dieu ; elle possède Dieu, c'est vraiment le début de la vie éternelle.

C'est ce que signifient les trois vœux de l'état religieux. Ils constituent un acte par lequel on choisit la béatitude.

L'obéissance : abandon à Dieu de notre volonté ; union des volontés.

La pauvreté : le religieux est canoniquement incapable de posséder autre chose que Dieu. Il se déclare ainsi héritier de Dieu.

La chasteté : l'âme est fiancée à Dieu.

La prière, c'est la langue du ciel. Les Chartreux sont comme des enfants qu'on a mis à l'école pour apprendre la langue du ciel.

Dans cette langue, d'ailleurs, tous les mots ne font que traduire une seule pensée, une seule vérité qui bientôt envahit l'âme et la pénètre entièrement pour la diriger et l'ennoblir : cette vérité c'est Jésus lui-même qui la prononce :

« Je suis l'amour infini ; tout ce qui est à moi je vous le donne en sorte que nous soyons unis comme le Père et le Fils sont unis » (cf. Jn 17, 22-23).

XIV

LA PAIX DE L'ÂME

Nous ne remarquons plus les merveilles auxquelles nous sommes habitués. Les sacrements sont des merveilles : ils nous donnent une occasion d'admirer la bonté de Dieu, dont ils sont une manifestation plus importante que les révélations privées et les miracles.

Nous entendons souvent cette parole que prononce le prêtre après nous avoir donné l'absolution : soyez en paix. Si nous la comprenions, elle serait à chaque fois comme un lever de soleil dans notre âme.

Ce mot est la conclusion de la confession. Il veut donc dire que le fruit du sacrement de Pénitence, c'est la paix.

« La paix, c'est la tranquillité de l'ordre. » (saint Augustin)

Impression de paix résultant de l'ordre dans un pays, dans une ville, dans une maison... L'ordre, c'est le règne d'un seul maître ou d'un principe unique. Que chacun, que chaque chose reçoive sa place d'un maître obéi ou d'un principe suivi : dans une cité les hommes. Dans une maison : les meubles. L'ordre produit la beauté.

La paix dans une communauté : chacun cherchant la dernière place

Pour que la paix règne dans une communauté religieuse, que faut-il ? Il faut que la vie de tous et de chacun soit dominée par un seul principe : la charité. Il faut que Dieu seul règne sur chaque âme et sur toutes les âmes.

Pour que la paix règne dans une communauté, il faut que chacun se mette à sa place, à la place que Dieu lui assigne. Et quelle est cette place? C'est la dernière place. «*Cum invitatus fueris ad nuptias...*»: «Quand tu es invité à des noces, ne te mets pas à la première place» (Lc 14, 8). «*Pro humillimo omnium servo*»: « Je demande à être reçu comme le plus humble serviteur de tous» (formule par laquelle le candidat demande, au Chapitre, à être admis dans l'Ordre des Chartreux)

Chacun peut et doit se dire: la place qui me convient à moi, ma place, la place où je dois être, c'est la dernière. Pourquoi? Parce que le «moi», le «je», tout ce qu'il y a en nous de propre, c'est cela qui s'oppose à l'amour. Tout ce moi égoïste qui nous tient éloigné de Dieu, mettons-le et remettons-le toujours à sa dernière place.

La paix dans une communauté, c'est le signe de la présence de Dieu: «*Ubi duo fuerint congregati...*»: «Là où deux ou trois sont réunis en mon Nom, je suis là au milieu d'eux» (Mt 18, 20). C'est l'héritage du Christ: «*Quam jucundum habitare fratres in unum*»: « Comme il est bon à des frères de vivre ensemble et d'être unis» (Ps 133/132, 1)

La paix intérieure et l'amitié de Dieu: silence; signe de paix intérieure et extérieure

La paix extérieure est une conséquence de la paix intérieure. Les cœurs qui savent garder la dernière place, pratiquer le détachement et le renoncement, ce sont des cœurs où règne la paix de Dieu. Donc, pour que nous puissions répandre la paix autour de nous, il faut nous maintenir en paix avec Dieu.

Quand on n'a pas l'amitié de Dieu, l'union avec Dieu, on cherche des satisfactions d'amour-propre: on est sensuel, susceptible, curieux.

La grâce, beauté de l'âme lui conciliant l'amitié de Dieu

Cette amitié de Dieu, cette union avec Dieu qui établit notre cœur dans la paix et nous rend pacifique avec les autres, elle est causée en nous par la grâce.

La grâce est une certaine ressemblance de notre âme avec Dieu, qui fait que Dieu l'aime et s'unit à elle. C'est la beauté de l'âme. Mais c'est une beauté surnaturelle que l'âme ne peut pas se donner elle-même. On peut comparer l'âme à une plante et le Bon Dieu au soleil. Une plante qui pousse à l'ombre ne pourra jamais se donner par elle-même la couleur et l'éclat qu'elle recevrait du soleil si elle y était exposée.

Le soleil divin répandant la grâce sur les âmes

Le soleil rend semblables à lui les objets qu'il illumine. Dieu divinise les âmes en qui il répand ses grâces.

Nous sommes en état de grâce dès que nous sommes délivrés du péché. En outre, chaque absolution sacramentelle est comme un bain de lumière solaire sur une plante. Chaque fois, celle-ci se colore, se développe et s'épanouit davantage.

Il y a vraiment une ressemblance entre une âme épanouie dans la lumière divine, et une fleur épanouie dans la lumière du soleil.

Toutes deux sont pacifiques, c'est-à-dire qu'elles sont en ordre dans leur intérieur : tranquilles et sereines.

Toutes deux sont bienfaisantes : elles répandent une douce odeur qui réjouit ceux qui les entourent et leur donnent du courage.

Toutes deux sont fécondes : prêtes à mourir, à se sacrifier pour donner leur fruit et répandre autour d'elles la vie dont elles sont pleines.

L'absolution sacramentelle est une source inépuisable de grâces. Cette parole, soyez en paix, marque donc une conséquence de cette autre parole : *ego absolvo te*. Je vous délivre, c'est-à-dire je délie au nom du Bon Dieu les liens qui vous attachaient à la terre, à l'égoïsme, à la sensualité. Délivrés du péché, soyez plus sûrs de Dieu, plus calmes et plus forts dans Son amitié.

Qu'est-ce qui opère cette délivrance ? C'est la grâce sacramentelle venant à la rencontre d'un acte de foi et de bonne volonté de notre part.

Cet acte de bonne volonté indispensable pour que nous recevions la grâce sacramentelle, c'est celui par lequel nous nous reconnaissons coupables et nous prenons la résolution de mieux faire à l'avenir.

Nous nous accusons nous-même en disant : *mea culpa*, c'est ma faute. Méditons un peu sur cette parole. Pour cela rappelons-nous qu'il y a plusieurs degrés dans le renoncement et le détachement, dans la vie de foi et d'abandon.

Ce n'est pas ma faute, c'est la sienne

Ceux qui vivent pour eux-mêmes, et en qui l'amour-propre règne en maître, ont coutume d'accuser Dieu de tout ce qui va pas. Ce sont les blasphémateurs ; il n'y en a pas parmi nous. Ils sont assez rares.

Plus nombreux sont ceux qui, dès qu'une faute a été commise, ou qu'ils ont à souffrir de quelque chose, accusent les autres. Leur devise est : ce n'est pas ma faute.

L'habitude de s'excuser et d'accuser les autres est signe certain d'un amour-propre bien portant.

Jusqu'en venant se confesser : c'est sa faute ! c'est sa faute !

C'est ma faute ! Oh ! que je suis laid !

Une âme qui s'est vraiment donnée doit prendre l'habitude de s'accuser elle-même. Nous avons toujours assez de raisons de reconnaître que nous avons mérité ce qui nous arrive ! Mais ici encore, il y a deux degrés.

Les uns s'accusent eux-mêmes mais avec amertume. Ils voudraient se voir beaux, s'estimer, mais il n'y a pas moyen. Comme ils sont francs, ils reconnaissent leur misère mais c'est avec tristesse.

Ces âmes sont encore partiellement dans l'erreur. Elles se cherchent elles-mêmes. Elles sont tournées vers elles-mêmes. On peut encore les comparer à une plante qui, au lieu d'être tournée vers le soleil, serait tournée vers elle-mêmes : elle dépérit.

C'est ma faute, mais que Dieu est beau

Ces âmes-là s'accusent sans amertume et sans tristesse. Elles reconnaissent bien volontiers qu'elles sont imparfaites et méprisables. Mais elles ne désirent pas passer pour belles ni aux yeux des autres ni a leurs propres yeux. Elles ne s'intéressent plus à elles-mêmes. Elles ne s'intéressent plus au sujet mais à l'objet, à Dieu ;

Elles ne souffrent pas de leur laideur, elles ne jouissent pas non plus de leur beauté ; elles jouissent de la beauté de Dieu. L'œil ne peut voir s'il est sien.

Il faut être objectif, c'est une condition de la santé. Les gens qui pensent à eux-mêmes perdent la santé physique et morale.

On les guérit en leur donnant un objet qui les fait sortir d'eux-mêmes : le voyage, le travail, le dévouement.

Mais le seul objet qui puisse guérir totalement notre âme et lui donner la santé éternelle, c'est Dieu.

La beauté de Dieu ravit l'âme et la fait sortir définitivement d'elle-même. Le bien que fait la contemplation des êtres simples est immense.

Cherchons Dieu à l'intérieur, il se manifestera à nous : charité universelle de Jésus Rédempteur ; pureté éblouissante et royale de la Très Sainte Vierge ; Trinité Sainte tirant choses de son amour et conduisant tous les êtres à son but qui n'est autre chose qu'Elle-même. Tels sont les spectacles qu'il nous faut contempler souvent et qui nous raviront à nous-même.

Résumons ce que nous avons dit de la confession en essayant de la définir ainsi. C'est un sacrement dans lequel nous nous accusons nous-même pour que Dieu nous établisse et nous confirme dans la paix en nous délivrant à chaque fois davantage de notre égoïsme, en sorte que nous puissions nous tourner vers Lui et nous y perdre enfin à Jamais.

XV

NOTRE COOPÉRATION À L'ŒUVRE DE LA RÉDEMPTION

Pourquoi Dieu s'est-il fait homme ?

« Afin de souffrir et de mériter, pour réparer nos péchés et ceux de notre premier père, pour satisfaire la justice divine et nous ouvrir le ciel. »

Dans cette réponse du catéchisme, deux choses nous étonnent : qu'un seul homme paie pour tous les hommes et que le péché de l'homme soit chose si grave que Dieu doive se déranger, en quelque sorte, pour le réparer.

Nous comprendrons donc mieux ce mystère quand nous aurons étudié ces deux vérités :

1) que les hommes sont solidaires : ce que fait un homme en bien ou en mal, a de l'importance pour tous les autres.

2) que nous sommes en quelque façon les associés de Dieu et pouvons l'aider à réussir son œuvre, ou au contraire, l'en empêcher, du moins provisoirement.

Solidarité entre les hommes

Saint Paul décrit ainsi les mystérieuses relations qui unissent les âmes : « La mort a été communiquée à tous les hommes par un seul homme, et la Résurrection de même. Nous devons tous mourir avec Adam, mais tous aussi, nous recevrons la vie du Christ » (Rm 5, 17).

Les hommes sont solidaires dans tous les domaines : ce que fait l'un intéresse tous les autres.

Ainsi, dans le monde économique : le Président meurt-il ? La côte baisse à la Bourse.

Ainsi, dans l'ordre spirituel, les trésors de Foi et d'Amour. Si on les perd par le péché mortel, on ruine peut-être des milliers d'âmes.

Comme quelqu'un qui trouble une source, ainsi est celui qui perd la pureté de son cœur : peut-être quelqu'un devra mourir de soif parce qu'un cœur pur aura manqué dans le monde spirituel.

Ainsi en est-il dans l'immense fraternité humaine et surtout parmi les frères du Christ.

La solidarité est encore plus sensible lorsqu'il s'agit d'une portion de l'humanité exposée à quelque danger. Par exemple, dans une armée ou sur un vaisseau, il y a des postes de confiance. Une faute commise là a des retentissements énormes.

Parmi les postes de confiance de l'Église, il y a la Chartreuse.

Nous sommes chacun à notre poste, les mandataires responsables et les associés de Dieu

Dans la société, il y a des gens à qui l'on confie de lourdes responsabilités, dont on attend des décisions importantes, ce sont les supérieurs et les directeurs des institutions et des entreprises ; il y en a d'autres, les enfants, les maladroits, les incapables, que l'on considère volontiers avec mépris : ce n'est pas à de telles gens que l'on confierait un emploi sérieux.

Mais souvent, il arrive que Dieu ne juge pas du tout comme nous. Car, à tous les hommes, même et peut-être surtout aux plus petits, il confie une charge d'une importance colossale, une responsabilité immense. En effet, nous pouvons choisir librement de faire le bien ou le mal et par conséquent, nous pouvons être ou bien les associés de Dieu et ses coopérateurs, ou bien nous opposer à son œuvre, et, d'une certaine façon, la faire manquer.

Quelle est cette œuvre de Dieu dans laquelle nous pouvons et devons être associés avec Lui ?

Dieu veut faire quelque chose qui Lui ressemble. Un architecte qui bâtit une maison veut que cette maison ressemble à l'idée qu'il a dans la tête et lui fasse honneur. Un père veut que son fils lui ressemble. Ainsi Dieu ne cherche rien d'autre dans la création que des images de Lui-même. Il veut que l'homme soit son fils, et lui rende gloire en lui ressemblant. Un homme qui a le cœur pur, plein de foi et d'amour, est un autre Jésus : c'est un miroir où Dieu se mire et se complaît.

Chacun de nous est donc en quelque sorte responsable des intérêts de la gloire de Dieu, chargé de la gloire de Dieu. Vous savez que, selon saint Thomas, il y a des anges qui ont pour office de conduire les étoiles. S'ils venaient à faire une faute, s'ils avaient un moment de paresse... quelle catastrophe ! Eh bien, nous avons tous une responsabilité bien plus grande car notre péché entraîne des catastrophes spirituelles incalculables et peut provoquer la chute de toute une constellation d'âmes.

Mais heureusement, Notre Seigneur, grâce à la loi de solidarité, expie et mérite pour tous les hommes. Et comme sa charité divine est infinie, il est une source de forces et de richesses spirituelles inépuisables.

Ainsi, la connaissance de la solidarité qui relie et unit les hommes, jointe à la connaissance de notre liberté et de notre responsabilité, nous aide à comprendre le mystère de l'Incarnation, nous aide à nous faire quelque idée de la raison - raison d'amour - pour laquelle Dieu s'est fait homme.

Grâce à l'Incarnation, notre situation est la suivante : nous pouvons obtenir réparation de nos péchés et être réconciliés avec Dieu, non pas en le méritant - nous n'y arriverions jamais - mais par les mérites de Jésus.

Il suffit que nous ouvrions notre cœur aux flots du Précieux Sang et pour cela, il faut qu'il demeure vide autant que possible de passions égoïstes et de satisfactions d'amour-propre.

Grâce à la solidarité qui unit tous les hommes, nous bénéficions aussi de la force de Notre Seigneur, qui prend pour Lui la plus grande partie des souffrances et des peines nécessaires pour réparer nos fautes.

Mais ce n'est pas tout.

« Venez, buvez gratuitement le vin et le lait. » Ainsi s'exprimait Notre Seigneur par la bouche du prophète Isaïe (55, 1).

Le cœur de Jésus est comme une source de lait qui jaillit éternellement. Et si nous laissons notre cœur, agrandi et ouvert par l'humilité et la patience, s'emplir de confiance, de paix et d'amour, nous déborderons à notre tour sur tous les cœurs qui ont soif d'être consolés.

C'est pourquoi la vocation de Chartreux est une vocation de consolateurs.

Après une journée bien recueillie, où l'on a fait autant d'actes d'amour qu'on a pu, ou qui a été un seul acte d'amour à peu près continu, on peut dire comme s'exprime l'Église dans *l'Introït* de la Messe du saint Curé d'Ars, dans le missel romain : « Dieu m'a envoyé annoncer aux pauvres la bonne nouvelle, guérir les cœurs brisés, proclamer la rédemption des captifs, et la libération des prisonniers » (Lc 4, 18).

Rappelons-nous bien que ce vin et ce lait spirituels, nous n'avons pas à les fabriquer – nous ne le pourrions pas – nous n'avons qu'à les transmettre aux autres après nous en être nourris et enivrés nous-mêmes.

Soyons sûrs de la bonté de Jésus, et aimons-Le de tout notre cœur : voilà ce qu'Il nous demande. Quand nous vivrons de cette certitude et de cet amour, nous aurons la plénitude de la vie intérieure.

XVI

DE LA CONFIANCE

Une âme qui a le sentiment de sa misère peut-elle aller à Dieu avec une grande confiance?

Oui. Ce sentiment est même nécessaire: connais-toi toi-même, car misère et miséricorde s'appellent.

Dieu demeure le même si nous, nous changeons. Il reste bon, si nous, nous demeurons imparfaits. Le chemin pour trouver Dieu, c'est de reconnaître notre misère. Les fautes et les infidélités nous apprennent à nous défier de nous-mêmes. Il y a un moment de confusion, mais ce petit recul ne doit se faire que pour mieux nous élancer vers Dieu par un pacte d'amour et de confiance. Nous ne devons pas nous contrister et nous inquiéter. C'est l'amour-propre qui donne ces confusions-là parce que nous sommes chagrinés de n'être pas parfaits, et non tant pour l'amour de Dieu que pour l'amour de nous-même.

Et si on ne sent pas la confiance?

Il faut quand même en faire les actes; dire à Dieu qu'on veut avoir confiance en Lui. C'est en cet état qu'on témoigne le mieux sa fidélité. Passer par-dessus son trouble.

Qu'est-ce que s'abandonner à Dieu? Comment faire pour s'abandonner?

C'est renoncer à sa volonté pour se livrer à celle de Dieu. Obéir à la volonté de Dieu signifiée, ou à Sa volonté de bon plaisir (la volonté de bon plaisir est une volonté que nous ne pouvons prévoir). Par exemple, si on n'a aucune consolation, aucun goût dans l'oraison, se soumettre à cette volonté du bon plaisir divin en persévérant dans la prière.

De même en ce qui concerne les vêtements, la nourriture, les témoignages d'amitié : ne rien chercher, ni refuser ; accepter avec simplicité.

– L'abandon, c'est la crème de la charité : « mon Père, je remets mon esprit entre tes mains » (Lc 23, 46).

Il y a beaucoup de gens qui disent à Notre Seigneur : « je me donne tout à vous sans aucune réserve », mais il y en a fort peu qui embrassent la pratique de cet abandon, lequel n'est autre qu'une parfaite indifférence à recevoir toutes sortes d'évènements, selon qu'ils arrivent par l'ordre de la Providence de Dieu : aussi bien l'affliction comme la consolation, la maladie comme la santé, l'opprobre comme la gloire. Je précise : recevoir... avec la partie supérieure de notre âme, car il est certain que la partie inférieure aimera toujours mieux ce qui est agréable à la nature !

C'est l'abandon qui est la solution des situations les plus désespérées. Car jamais nous ne sommes réduits à une telle extrémité que nous ne puissions toujours répandre devant la divine Majesté les parfums d'une sainte soumission à sa sainte volonté et d'une continuelle promesse de ne point L'offenser.

Quelquefois, notre Seigneur veut que les âmes qu'Il a choisies pour son service le suivent parmi les dégoûts, les sécheresses, les répugnances de la vie spirituelle et de la vie monastique, sans consolation, ni saveur, ni tendresse. Et ces âmes généreuses acceptent cela de bon cœur, elles restent unies à Dieu par la fine pointe de l'esprit, sans autre appui que la volonté de Dieu.

– L'âme abandonnée ne fait rien, sinon de rester auprès de notre Seigneur, sans se donner aucun autre souci. Son travail, c'est de rester tranquille. Elle est comme sainte Madeleine, qui ne bougeait pas, même quand Jésus ne parlait pas ; ou comme le petit enfant qui se laisse absolument faire par sa mère, déposer, reprendre... et qui ne sait où il va. Au sein des épreuves, il faut de l'héroïsme pour vivre ainsi abandonné.

Dans une âme ainsi abandonnée, se forment encore des désirs, mais elle les fait mourir aussitôt.

Il y a des âmes qui éprouvent à s'abandonner une certaine forme de douceur et d'ivresse. D'autres ne le sentent jamais; celles-ci ne sont pas moins abandonnées à Dieu, au contraire, pourvu qu'elles soumettent leur volonté à celle de Dieu.

Le fondement de la confiance, c'est l'infinie bonté de Dieu et les mérites de Notre Seigneur, à condition que nous soyons bien résolus à être tout à Dieu. Il n'est pas nécessaire de sentir cette résolution. Il ne faut pas en cette matière s'arrêter à ce que nous sentons ou ne sentons pas, d'autant que la plupart de nos sentiments et de nos satisfactions ne sont qu'amusements de notre amour-propre.

De même, il importe peu que notre nature ait de la répugnance à suivre le bon plaisir de Dieu. Distinguons bien la partie supérieure de l'âme où résident les vraies vertus, et la partie inférieure qui n'y entend rien et dont il ne faut faire aucun état.

Peu de personnes parviennent à ce degré de parfait délaissement d'elles-mêmes. Mais chacun doit y tendre selon ses forces et sa petite capacité.

XVII

ABANDON ET GÉNÉROSITÉ

Voyez la délicatesse d'une mère avec son enfant, ou même d'une sœur aînée ou encore d'une domestique : tout le monde apprend à être délicat avec un enfant.

C'est cette délicatesse que Dieu demande de nous. Il ne veut pas que nous ayons peur de Lui, mais Il veut que nous ayons crainte de l'offenser.

Remarquez bien que la véritable confiance, et la délicatesse (ou générosité) ne se développent pas aux dépens de l'une ou de l'autre, au contraire.

Ceux qui manquent de confiance manquent aussi de générosité. Ils n'ont pas de force. Pour donner, il faut être riche.

Ceux qui manquent de délicatesse ont peur de Dieu parce qu'ils ne se sentent pas en paix avec Lui.

Confiance et générosité, certitude et délicatesse sont les deux ailes qui permettent à l'âme de voler vers Dieu. L'une sans l'autre ne peut rien. Il faut qu'elles soient proportionnées.

C'est cela qu'il faut chercher dans la vie des saints. Non pas des histoires extraordinaires, mais des exemples de ces deux vertus conjuguées, par exemple chez saint Augustin : « Je ne voudrais pas être Vous » ou chez Sainte Thérèse : « Les mains vides »....

Néanmoins la confiance a le premier et le dernier mot. Pour trouver la force de faire le plus petit sacrifice, et surtout pour que celui-ci soit naturel, il faut déjà avoir confiance en Dieu.

C'est la confiance qui commence, et recommence après les rechutes.

Mais elle ne peut pas faire un second pas si la générosité ne suit pas.

Au ciel, ceux qui auront été généreux auront pour récompense la confiance absolue, la certitude éternelle.

Nous avons comparé la vie spirituelle à un vol. Nous pouvons reprendre et développer cette comparaison.

Il y a trois étapes dans le vol d'un petit oiseau qui apprend à voler :

- s'arracher de terre
- s'élever dans l'air
- planer dans le ciel.

De même, suivant notre degré de confiance et de délicatesse nous sommes dans l'une des trois périodes de la vie spirituelle que désigne d'un seul mot la formule de saint Arsène : « Fuge, tace, quiesce » (Fuis au désert, tais-toi et tiens-toi en repos).

Fuge : Il y a une période de la vie intérieure où l'âme est toute occupée à se fuir. Et dans cet état l'âme acquiert la sainteté. Fuite de soi dans les choses physiques ; mortification négative, modestie des yeux ; dans les rapports avec le prochain : charité, préférence, accueil, excuse de l'autre. Dans les rapports avec Dieu : pas découragée par des sécheresses ou des contrariétés ; décoller du sol (du soi) par la confiance et la générosité.

« Si vous me proposiez que je devienne Dieu et vous Augustin, jerefuserais. Je préfère que vous soyez Dieu et moi, Augustin, car c'est vous mon bonheur et non pas moi ».

« Au soir de cette vie, je paraîtrai devant Dieu les mains vides ».

Tace : Dans la première période, l'âme s'accusait elle-même et se plaignait. Dans la seconde, elle n'en parle plus ; elle s'est oubliée. Vient la spontaniété... Spontanéité des vertus : on ne sent plus l'effort. L'âme agit pourtant mais d'une façon si naturelle... Elle vole à titre d'aile. La confiance est habituelle, la générosité comme machinale. Quand l'âme a traversé cette période d'oubli de soi elle arrive au :

Quiesce: L'âme se perd en Dieu. Elle n'a plus besoin de calculer; elle est portée par la grâce. Elle est comme l'oiseau qui plane, immobile, perdu dans la lumière.

Alors, l'âme est simple. Elle n'a même plus conscience que Dieu lui demande des sacrifices. Elle n'appelle plus rien sacrifice! Elle suit l'inspiration de Dieu à chaque moment.

Je l'ai comparée à un oiseau qui plane. Pour revenir au mystère de Noël, je comparerai enfin cette âme à un petit enfant. Jésus nous a donné une leçon de simplicité. Quand on s'est totalement abandonné à Dieu et qu'on lui a donné tout ce qu'on a, on est simple comme un bébé.

Un bébé joue volontiers toujours à la même chose. On lui raconte indéfiniment la même histoire. Ainsi l'âme perdue en Dieu. Elle ne se rassasie jamais de cette histoire si simple: Que nous avons un Père infiniment bon dans le ciel et dans nos cœurs. L'âme ne se rassasie plus de cette histoire si simple ni dans ce monde ni dans l'éternité.

XVIII

LE RÔLE DU CHARTREUX DANS LE CORPS MYSTIQUE

Les Chartreux sont des solitaires et pourtant ils participent à la communion des saints d'une façon plus intime et plus réelle que personne.

Comment? Dans un certain sens, les Chartreux, solitaires, n'ont et ne doivent avoir de relations avec personne, sinon *avec Dieu seul*.

Écoutons ce que dit à ce sujet saint Jean de la Croix:

«Ne pensez rien des affaires des autres ni en bien ni en mal. Occupez-vous le moins possible de ce qui se passe dans la communauté, soit du caractère, soit des actes, soit des habitudes d'un religieux quelconque. Ne vous scandalisez, ne vous étonnez jamais d'une chose aperçue ou apprise; veillez à conserver votre âme dans l'ignorance de tout ceci: car si vous acceptez, même un peu, d'y faire attention, vous pourriez vivre avec des anges, vous auriez mauvaise opinion de nombre de leurs faits et gestes, faute d'en saisir le sens profond» (3eme "précaution").

Et sainte Thérèse de l'Enfant Jésus: «Que les créatures ne me soient rien et que je ne leur sois rien».

Ainsi parlent les saints, les maîtres de la vie intérieure. Il y a donc deux conseils à retenir:

– ne pas Juger la conduite des autres; ne pas de comparer à eux.

– ne pas chercher sa force ou sa gloire ou sa consolation dans l'estime des hommes.

Cela est nécessaire :
– pour la paix de l'âme
– pour la paix de la communauté.

En un mot : que chacun, dans son cœur, soit seul avec Dieu. Celui qui a gardé ou retrouvé cette solitude, je lui promets le paradis sur la terre.

Mais dans un autre sens, on peut dire que les Chartreux ont et doivent avoir des relations avec tout le monde.

Caractère universel de notre apostolat : les religieux "exempts" sont paroissiens de l'Église Universelle.

Nous participons à la vie unique et immense du corps mystique, et cela plus que d'autres, parce que nous en sommes le cœur (cf. Thérèse de Lisieux : « Dans le cœur de l'Église, je serai l'Amour »).

Cette pensée nous est douce et même nécessaire, car nous ne serions pas pleinement heureux si nous n'avions pas la certitude de partager de quelque façon notre bonheur.

Tout bonheur, toute joie cherche à se communiquer et n'est parfaite que quand elle y a réussi. La vie est parfaite lorsqu'elle se donne.

Dans le ciel, notre béatitude sera faite en partie de cette communication universelle. On jouira de la joie des autres. Ceci nous permet de mesurer jusqu'à quel point nous sommes prêts pour le ciel.

La Sainte Trinité même, est un échange de vie, trois Personnes qui jouissent d'avoir en commun une même substance. C'est la communion parfaite, éternelle, vivante subsistante, principe et modèle de toute charité.

Mais comment résoudre cette contradiction ? Nous avons dit que le Chartreux n'a de relations avec personne et maintenant nous disons qu'il en a avec tout le monde.

En bien ! c'est la vérité sous deux aspects différents. *Le détachement du cœur est la condition même de la fécondité spirituelle.*

Non seulement les Chartreux vivent comme tous les chrétiens dans la communion des saints mais ils s'efforcent de la réaliser et d'y trouver leur plénitude.

Qu'est-ce que la communion des saints ?

C'est la solidarité en Notre Seigneur de tous les chrétiens en état de grâce, des âmes du purgatoire et des bienheureux.

La faute d'Adam a fait perdre au monde son équilibre. C'est Notre Seigneur qui est chargé de rétablir cet équilibre en mettant son Précieux Sang dans le plateau de la balance.

Mais nous sommes incorporés à Notre Seigneur par la grâce qui fait de nous tous comme un seul être vivant. Dès lors la moindre action est comptée, elle a une valeur qui correspond à quelque chose dans cet équilibre immense.

Ceci est une réalité physique, c'est-à-dire que ce n'est pas seulement une idée, une vue de l'esprit; la grâce, qualité réelle, qui nous fait ressembler à Jésus, nous associe à Lui, la Justice de Dieu réalité suprême, qui est à la base de tout l'ordre providentiel.

Chacun de nous contribue donc à l'équilibre universel, mais le contemplatif surtout. Pourquoi? Parce que ce qui a le plus de poids, le plus de valeur, ce sont les actes intérieurs et invisibles (contemplatif est synonyme de « mystique » qui veut dire « caché »).

L'homme est comparable à un fruit. Ce qui est extérieur, l'écorce, n'est que le revêtement de l'intérieur.

C'est l'état de notre cœur que Dieu voit et c'est l'intention qui fait tout le prix d'une action.

Voilà donc une loi, une loi générale: dans l'homme, c'est ce qui est intérieur, ce qui est caché, qui a de la valeur, et c'est cela qui importe pour l'équilibre du corps mystique de Jésus.

Ceci est tellement vrai que nos actes acquièrent bien plus de valeur lorsque nous réussissons à les cacher. Un travail, un acte de patience ou de dévouement qui n'a que Dieu pour témoin, a mille fois plus de valeur que ce même acte fait en public, parce que l'amour-propre y trouve bien moins son compte.

Un Chartreux qui se sanctifie, qui est fidèle à l'esprit de sa vocation est celui qui sait rester caché.

Nouvelle preuve des avantages spirituels du silence. Si nous ne nous adressions qu'à Dieu, si nous étions assez habitués au silence pour éviter les accusations, les plaintes et les vantardises (tout cela est proche parent), notre âme serait aussitôt plus belle et plus semblable à Jésus.

Toutes les mortifications demandent une mesure. La mortification de nos jugements critiques sur le prochain et de notre méchante langue n'en comporte pas.

Cela prouve bien que cette vertu – ne pas juger son prochain, ne pas le critiquer – c'est la charité tout simplement.

Les vertus théologales sont les seules qui ne consistent pas dans un juste milieu et ne comportent pas d'excès.

En nous mortifiant de cette façon, nous pouvons ajouter chaque jour des trésors à la fortune mystique de l'Église.

Récapitulons: Nous sommes chargés d'aider Notre Seigneur dans son œuvre rédemptrice. Nous le faisons par notre vie sacramentelle, notre travail, notre amour surtout. Par chacun de nos actes d'amour et de renoncement.

Ceux-ci ont d'autant plus de valeur qu'ils sont plus cachés, plus secrets, plus inconnus.

Efforçons-nous, en étant des Chartreux solitaires, patients et silencieux, d'augmenter notre amour.

Alors, notre âme recevra la plénitude de la grâce qui lui est destinée. Elle ressemblera davantage à Jésus.

Elle sera donc féconde. Elle aura une maternité, invisible ici-bas, mais d'autant plus réelle et immense qu'elle est entièrement surnaturelle.

Toute maternité comporte une souffrance. Ce n'est qu'au prix du sacrifice quotidien que nous aurons cette couronne.

Mais elle comporte aussi une gloire, d'autant plus douce pour l'âme cartusienne qu'elle s'associe à la gloire de la virginité; elle fait de chacune de nos âmes une vierge mère, image fidèle de Marie, mère de toute joie et de tout amour, ici et dans l'éternité.

XIX

VIE D'UNION AVEC JÉSUS

Est-ce que l'on vient en Chartreuse pour mourir?... Légende selon laquelle les moines creuseraient leur tombe et se salueraient en disant: « Mon Frère, il faut mourir ».

Eh bien, à la question ainsi posée, il faut carrément répondre: « Non » !

La mort au monde, la mort à soi-même est un moyen. Mais le *but* c'est la vie, la vie d'union à Dieu: « Je suis venu pour qu'ils aient la vie et qu'ils l'aient en abondance » (Jn 10, 10).

L'amour ne nous a pas donné Son Sang simplement pour racheter nos péchés. Il nous l'a donné aussi et surtout pour nous faire vivre de Sa vie. On ne pense pas assez à ce côté positif qui dépasse de beaucoup en importance et en grandeur le côté négatif du sacrifice.

En se faisant Chartreux, on donne sa vie à Jésus, et on participe à son sacrifice. Mais en versant Son Sang, Jésus s'est acquis le droit de nous ressusciter avec Lui pour la Vie éternelle.

Le Calvaire n'est qu'une étape préparatoire. Jésus y dépose sa vie: c'est le prix d'achat de l'homme déchu. C'est pourquoi, à la Résurrection, Il peut reprendre son corps tout entier; non pas seulement les membres qui étaient dans le tombeau, mais son corps intégral et complet, qui comprend tous les baptisés de tous les temps.

Ainsi donc, incorporés au Christ, dans sa mort et dans sa sépulture, nous lui restons incorporés dans sa Résurrection, pour la Vie éternelle. C'est le couronnement de la Rédemption, car Jésus n'est mort, et Il ne nous a entraînés avec Lui dans Sa mort, que pour nous ressusciter avec Lui.

Il faut donc que nous ayons une vie avec Jésus, une vie d'amour et de fécondité universelle; *il faut traverser ce monde sans y habiter,* de façon à ce que les petites peines, les petits scandales de la vie religieuse ne nous atteignent pas ou ne nous atteignent que très superficiellement. Vous savez qu'il arrive souvent, dans une bataille ou un naufrage, que l'on soit blessé sans s'en apercevoir. On cite même le cas de soldats qui ont une main ou un bras emporté et se battent encore quelques temps jusqu'à ce que la perte de sang les fasse tomber. C'est qu'ils sont animés par un intérêt, une passion supérieure qui les empêche de sentir le reste.

Eh bien! Il en est un peu de même lorsqu'on a conscience de participer à la vie de Jésus, d'être prisonnier de l'Amour avec Lui, ressuscité avec Lui et semant sur les âmes la pluie de lumière des grâces. Voilà le remède qui nous fera oublier, négliger les défauts d'un confrère, la sévérité d'un supérieur, nos misères même, nos défaillances et notre impuissance, et nous enfermera, nous isolera dans la solitude libératrice *d'une vie supérieure* comme dans un nuage d'or.

Toute vie est un échange de richesses. Tout être vivant reçoit et donne tour à tour quelque chose. Il en est de même de cette vie divine que Jésus veut nous communiquer. Or, il est assez curieux de voir que l'on pense souvent à ce que l'on doit donner: on sait bien que l'on doit être fidèle, pur, obéissant, humble, dévoué (on sait que l'on doit être ainsi, ce qui ne veut pas dire que l'on y réussit) et c'est justement parce que *l'on oublie de recevoir*. Nous serions plus généreux si nous étions plus riches et nous serions plus riches si nous ouvrions notre cœur aux trésors de Jésus.

Comment cela? quels sont ces trésors? Que faut-il faire pour les recevoir?

Ces trésors, ce sont les paroles d'amour de Jésus ou plutôt, c'est Jésus Lui-même qui est la Parole de Dieu, Sa Parole d'Amour. À chaque instant, cette vérité que Dieu nous aime, cette bonne nouvelle, cet évangile intérieur est prononcé dans notre cœur. «Paix aux hommes de bonne volonté. » Mais nous l'oublions sans cesse, nous n'y pensons que par instants. C'est parce que nous ne sommes pas recueillis, parce que nous négligeons le silence intérieur.

Vous avez déjà souvent fait cette expérience, mais faites-là encore : lorsque vous souffrez, lorsque vous êtes en présence d'un acte d'obéissance difficile, ou que vous avez grande envie de vous plaindre ou de vous venger un peu, cessez d'agir ou de vous démener ; faites une minute de silence, écoutez dans votre cœur, et vous entendrez la grande parole divine intraduisible : Sois en paix, je t'aime, laisse faire et dire, fais ton devoir quotidien en souriant. Je suis près de toi, je suis en toi, je suis à toi... et quand vous aurez entendu Notre Seigneur vous parler ainsi, vous ferez ce qu'il y a à faire, sans même vous apercevoir que c'est difficile.

Toute vie se traduit par un épanouissement de beauté. La vie d'union à Notre Seigneur se manifeste par la beauté, c'est-à-dire *la noblesse spirituelle*. Qu'est-ce que c'est qu'une âme belle et noble ? C'est simplement une âme qui porte sa croix en silence et en souriant. Nous avons tous à souffrir, à souffrir des autres, et à souffrir de nous-mêmes. Si nous gardons la paix et la douceur du cœur, ne nous plaignons à personne, n'accusons personne, nous portons notre croix avec grâce et nous pouvons être certains de revêtir peu à peu la noblesse et la beauté de Dieu.

La beauté de l'âme chrétienne, c'est donc la douceur. Or, la douceur consiste à ne pas donner de signes d'impatience et à ne pas se venger, en un mot, à ne pas se plaindre ni accuser. Oh ! qu'elle est belle, qu'elle est heureuse l'âme qui est fidèle à ce programme.

Toute vie se répand grâce à l'amour. Si nous vivons en union avec Notre Seigneur, nous voudrons *donner à nos frères* cet amour dont notre cœur sera plein. En Chartreuse, cette communication se fait surtout par l'exemple d'une vie religieuse docile et gaie, et par le rayonnement invisible d'un cœur rempli de grâces. Il faut même se méfier de la tentation de manifester extérieurement l'affection ou la familiarité. La charité mutuelle chez nous doit surtout être faite de respect. On ne respecte jamais assez la liberté de ses confrères : l'un voudrait que les cuisiniers fassent comme ceci : ou que le boulanger fasse comme cela. Un autre voudrait que tout le monde ait les mêmes dévotions que lui ; un autre encore trouve que les confrères sont bavards, ou trop silencieux.

Quelquefois, on entend même parler d'un confrère qui est accusé par les uns d'être ceci, et par les autres d'être le contraire.

Oh ! comme on gagnerait si on ne s'occupait que de Dieu, de son amour infini qui s'épanche dans notre cœur, et si on laissait les confrères se sanctifier au gré de Jésus.

Il faut aussi que des liens de charité unissent les *officiers et les religieux* d'une même communauté. Il faut que la Vie d'union à Dieu circule entre ceux qui composent une Chartreuse, chacun ayant un rôle différent mais un même but et un même idéal.

Quelle doit être notre attitude envers nos supérieurs, pour que la vie de Jésus puisse passer et circuler librement d'eux à nous et par tous les membres de l'organisme cartusien ? C'est ce qu'il nous reste à dire en deux mots.

D'abord, *la vérité* : il est impossible que la grâce nous atteigne par nos supérieurs si nous ne sommes pas bien ouverts avec eux. Il faut dire très simplement ce dont on a besoin, ce dont on souffre, les obstacles auxquels on se heurte.

Il y a foule de maux imaginaires qui disparaissent aussitôt qu'on les met en lumière. Chez certains, ce devoir de s'ouvrir est très difficile. C'est le premier pas surtout qui coûte.

La franchise ne suffit pas : il faut que nous fassions confiance à nos supérieurs et à nos directeurs. Pourquoi cette confiance ? À qui s'adresse-t-elle ? À Dieu et à sa Providence. Il est assez facile de diriger quelqu'un mais cela devient très difficile ou impossible si le pénitent a toujours ou souvent une attitude critique, méfiante.

Enfin, il faut que chacun arrive à une certaine indépendance. Le but de la direction c'est que l'âme arrive non pas à se passer de directeur, mais à s'en servir très peu.

A ces trois conditions : ouverture, confiance et liberté, on peut arriver à une vraie collaboration entre le directeur et le dirigé.

Car nous sommes tous solidaires. Nous travaillons sur le même chantier, nous buvons à la même source, nous nous tenons par la main. Chacun ne peut manquer d'avoir une influence invisible sur les autres; de participer à leurs victoires et de souffrir de leurs défauts. Le Sang de Jésus circule de l'un à l'autre comme dans un seul corps. Soyons purs et fidèles, patients et joyeux, et nous pouvons êtres sûrs de distribuer cette Vie Précieuse à tous nos frères présents et absents.

...Laisse tes confrères totalement à eux-mêmes, et quant à toi, n'aie de souci que de garder ton âme pure et entièrement en Dieu, sans qu'une réflexion sur ceci ou cela ne te trouble.

Vivre dans le monastère comme si personne n'y vivait, ne pas s'inquiéter si le monde s'écroule et garder le calme de son âme.

XX

SUR LA SIMPLICITÉ

Toute âme qui s'engage dans la vie religieuse a éprouvé et éprouve de nouveau, chaque fois qu'elle fait un pas en avant dans cette voie, un sentiment de libération, une impression d'allègement, due au fait que la séparation d'avec le monde simplifie dans une très grande mesure notre existence. Le monde est compliqué par hypocrisie et vanité; chacun s'y voit soumis à des conventions dont la force et la sottise sont également évidentes; chacun est obligé de respecter en apparence le masque du voisin... bien que ceci ne trompe personne et soit une gêne pour tous. La simplicité est l'un des avantages de la vie religieuse, c'est aussi une condition de la vie intérieure faute de laquelle, celle-ci ne saurait se développer ni s'épanouir. Si nous sommes plus simples que nous le fûmes, encore ne le somme-nous pas assez: il n'est pas facile de chasser totalement du cloître l'esprit du monde!... La simplicité spirituelle comporte trois formes que nous allons examiner brièvement.

D'abord, la « simplicité » avec soi-même: elle consiste à s'avouer, à se reconnaître tel qu'on est: pour cela, il faut se voir avec un œil libre d'intérêts et d'inquiétude. Simplicité, calme, lucidité à l'égard de soi: ces trois choses sont inséparables. Un esprit agité par le désir ou la crainte ne lit pas clairement dans ses profondeurs. Se ronger pour des fautes imaginaires est presque aussi nuisible que l'inverse. Si au lieu de votre âme, vous voyez un fantôme, qu'il ait le visage d'un ange ou d'un démon, vous perdez votre temps et vos efforts. Le premier pas est fait lorsque nous apercevons humblement la vérité sur nous, et que nous la déclarons avec une tranquille et parfaite franchise.

Quand on a cette forme de sincérité, on n'a pas de peine à se montrer simple aussi avec ses Confrères, spécialement avec ceux qui ont une charge, un rôle paternel ou maternel à remplir à notre égard, et qui ne peuvent le remplir efficacement si nous ne sommes pas ouverts et confiants envers eux. Parler simplement de ses besoins et difficultés, en ce qui concerne la santé physique et morale, en surveillant son imagination sans doute, mais avec une grande ouverture, sans contrainte ni détour, c'est une vertu très estimable dans la vie religieuse. Une âme ouverte envers son Directeur, envers ceux qui ont une charge à son égard, est comme une maison aux larges fenêtres où l'air et la lumière entrent librement : la vie s'y développe et la santé y est assurée. Si nous sommes simples avec les hommes, nous ne serons pas gênés par de fausses craintes ni de fausses obligations ; si nous sommes simples envers nous-même, nous ne serons pas encombrés de notre passé, de nos misères, de nos imperfections... et nous pourrons enfin être simples avec Dieu.

C'est que Dieu est la simplicité même et nous devons être simples pour nous unir à Lui. Toutes les créatures peuvent nous tromper ; elles nous trompent même sans le vouloir parce qu'elles sont composées ; mais Dieu ne peut nous tromper. Il ne porte point de masque, Il ne peut nous cacher son intention qui est simple et unique comme Lui, qui est Son être même. Il nous faut donc voler vers Lui directement avec une confiance absolue sans aucune hésitation. Se retourner sur soi, loucher d'un œil complaisant ou attristé sur ce que l'on est, n'est-ce pas être infidèle à la grâce suprême que Dieu nous fait d'être Lui-même le but, la fin unique de notre destinée ?

À mesure que nous serons plus droits et plus purs, nous pourrons dire avec les âmes délivrées : ce que Dieu *est* me suffit.

C'est ainsi que ces âmes se transforment, tout en continuant leurs humbles travaux, leur vie d'oraison, leurs efforts vers une absolue confiance et un total abandon :

elles ouvrent chaque jour davantage leur cœur, elles se simplifient de plus en plus et s'adaptent parfaitement à la nature de Dieu.

Que Marie, Épouse de la Divine Simplicité, nous donne à tous un rapide progrès dans cette voie d'or...

XXI

UTILISONS NOTRE PETITESSE

Utilisons notre petitesse: c'est la meilleure méthode d'oraison et d'apostolat.

Vous vous rappelez ce verset du Magnificat, auquel correspondent plusieurs passages des Évangiles: «Il a déposé les puissants de leur trône et Il a exalté les humbles». «Il a comblé de biens les affamés et les riches, Il les a renvoyés les mains vides.»

Il exprime cette grande et mystérieuse vérité que l'amour divin est comme un enfant turbulent qui s'amuse à tout mettre en l'envers: ce qui est en haut, il le met en bas, et ce qui est en bas, Il l'élève (cf. Lc 14, 11).

Il n'y a pas à récriminer: c'est la méthode de l'amour. Nous ne pouvons qu'en être heureux, d'ailleurs si nous avons conscience de notre petitesse, elle sera le secret de notre succès et de toute fécondité dans l'oraison et dans l'apostolat.

Quant à l'oraison, si vous trouvez d'abord de la difficulté à vous recueillir, faites bien attention au silence et la mortification de la curiosité; mais si vos difficultés persistent, faites-vous une richesse de votre misère en l'offrant simplement à Dieu comme tout le reste. Ne vous demandez pas où vous en êtes, ce serait vous tourner vers vous-même; mais tournez-vous vers Dieu obstinément et inlassablement. Ce qui fait la beauté de notre vie, c'est qu'elle nous invite à chercher Dieu tous les jours, à tous les instants, c'est un long pèlerinage où nous avançons même lorsque nous ne le sentons pas.

Sœur Marie-Aimée de Jésus regardait un jour une autre carmélite pendant l'heure de l'oraison. Et voilà que Sœur Marie-Aimée eut une vision : Notre Seigneur lui apparut et elle remarqua qu'Il regardait l'autre carmélite avec un regard si tendre qu'elle ne put s'empêcher de penser : « Une âme que Notre Seigneur a regardée ainsi est certainement une âme sauvée ». Et lorsque, dans la suite, elle demanda à cette compagne à qui se rapportait son oraison à ce moment-là, celle-ci lui dit qu'après avoir passé plus de trois quarts d'heure à combattre les distractions, l'épanouissement, la tristesse du cœur, elle avait seulement pu jeter ce cri : « Mon Dieu, jetez sur moi un regard seulement de miséricorde » !

Notre petitesse et notre misère sont aussi un moyen puissant d'apostolat. Avec cette fausse monnaie de plomb dont personne ne veut sur la terre, nous pouvons racheter des âmes infiniment précieuses, si nous savons l'offrir à notre Seigneur.

Oraison très féconde et très haute qui consiste à reconnaître sa détresse, à s'anéantir de bon cœur pour laisser la place à Jésus : alors on est comme un corps transparent qui laisse passer la lumière et qui laisse Dieu illuminer les cœurs.

La confiance est au principe de toute la vie spirituelle. On peut dire que la plupart des âmes manquent de confiance et de liberté avec Dieu. Il est l'amour même et nous doutons d'être aimés par Lui... Pourtant, nous sommes séparés des hommes, jamais de Dieu. L'âme humaine est comme un oiseau enfermé dans une prison sans toit : il y a des murs de tous les côtés, excepté du côté du ciel. Il ne lui manque plus que le courage de s'envoler. Le directeur doit souvent faire comme la maman des oiseaux, qui les pousse hors du nid et les invite à se fier à l'air.

Vous qui avez en outre une vocation spéciale d'intimité avec Dieu, – car la solitude cartusienne est avant tout un tête-à-tête, un cœur à cœur avec Dieu – ayez foi en cet amour, engagez-vous hardiment dans la familiarité de Dieu.

Voyez : par la pauvreté volontaire, vous vous êtes mis hors d'état de posséder autre chose que Dieu. Il est donc votre trésor, l'unique trésor de chacun de vous et vous devez Le considérer comme tel.

On dit souvent que l'union avec Dieu est proportionnelle à nos efforts, à notre générosité, surtout pour le recueillement et le silence : c'est vrai, mais l'inverse est vrai aussi, et plus vrai encore.

Si vous êtes certain d'être aimé – comme vous devez l'être – et d'être aimé gratuitement (car Dieu ne se vend pas, Il se donne) votre cœur sera rempli d'une certitude divine, comme un vase plein d'une liqueur précieuse.

Alors, cette pensée, cette présence de l'amour divin en vous, vous voudrez la préserver ; ce calice de votre cœur, vous le porterez délicatement et doucement, c'est-à-dire que vous serez recueillis et silencieux, vous serez appliqués à votre travail et vous serez charitables ; ainsi toutes les vertus naissent de la confiance qui ouvre notre cœur et l'enivre de cette liqueur d'or : l'amour divin.

Quelquefois, les oiseaux font leur nid comme cela, dans des maisons abandonnées qui n'ont plus de toit, qui ne sont ouvertes plus que du côté du ciel et qui sont largement exposées au souffle d'En-haut.

Ainsi... jetez-vous dans l'amour, avec vos petites ailes, et elles auront vite fait de grandir ; abandonnez-vous au souffle du Saint-Esprit, plongez-vous dans la certitude d'être aimé, vous y trouverez la lumière, la liberté et la joie !

Misère, n'importe quelle misère : monnaie qui n'a pas cours parmi les hommes mais qui au ciel peut acheter Dieu...

XXII

SOLI DEO

Tout être vivant a une orientation normale, qui est la première condition de sa santé et de son développement.

Une plante, par exemple, doit avoir ses racines en terre et sa tête tournée vers le ciel et le soleil. Si quelque chose s'écarte de cet ordre, la plante en souffre ; si le désordre dure trop longtemps, elle meurt.

Quelle est donc l'orientation normale de notre âme ?

Il est d'abord bien certain que nous ne sommes pas en équilibre lorsque nous sommes tournés vers nous-mêmes.

Physiquement, déjà, nous sommes faits de façon que nous voyons le visage des autres mais nous ne pouvons voir le nôtre qu'en nous servant d'un instrument, le miroir.

Notre œil voit tout mais il ne se voit pas lui-même, à moins d'être malade ; un œil malade voit des taches et des lueurs dans son cristallin, un œil sain s'ignore.

Il en est exactement de même dans la vie de l'esprit. Un homme qui pense trop à soi-même, à sa santé, par exemple ou à ses malheurs, ou même à ses avantages réels ou imaginaires, est déjà un malade et ne tardera pas à le devenir plus.

Tous les Médecins qui soignent des fous vous diront qu'ils est très mauvais pour l'esprit d'être replié sur lui-même et que l'un des procédés dont on peut espérer la guérison de ces infirmes, c'est précisément de les intéresser à quelque chose. N'importe quoi, du moment qu'on arrive à les distraire de leur mal. On a vu des neurasthéniques subitement guéris, au moins pour quelques temps, parce qu'ils étaient obligés de soigner quelqu'un d'autre.

Encore une preuve frappante que l'homme n'est pas fait pour lui-même, c'est l'effet désastreux que produit toujours la conscience de soi. Un homme peut être réellement intelligent, bon, adroit, tout, ce que vous voudrez : s'il laisse voir qu'il en a conscience et qu'il en est fier, il baisse aussitôt dans l'estime de ceux qui s'en rendent compte. Il est assez curieux de voir qu'une personne qui a un avantage réel, comme d'être intelligente ou vertueuse, et qui s'en vante et s'en fait gloire, devient aussitôt odieuse et ridicule, alors que la minute d'avant, nous étions prêts à reconnaître la supériorité en question. Mais il fallait qu'elle l'ignore ou paraisse l'ignorer.

Et c'est juste : car on ne doit jamais être heureux et fier de ce qu'on est, on ne doit jamais se regarder, s'admirer soi-même, s'arrêter à soi-même. On n'est pas fait pour soi. Personne ne s'y trompe : un saint qui est conscient de sa supériorité nous fait pitié, car la sainteté sans l'humilité est une fausse sainteté, la vraie sainteté, c'est l'humilité, c'est-à-dire le mépris et l'oubli de soi-même.

Il est donc bien clair que notre orientation normale n'est pas d'être tournés vers-nous-mêmes. C'est même l'orientation exactement inverse de celle qui nous assure l'équilibre et la vie : comme pour une plante d'avoir sa tête dans la terre.

Nous pouvons nous demander maintenant si notre position normale serait de nous occuper de quelque autre créature, de mécanique ou d'astronomie, ou de notre prochain.

Avant de répondre, il faut bien distinguer. Les créatures peuvent être des miroirs et des glaces transparentes qui conduisent le regard de l'âme vers Dieu. Dieu veut quelquefois que nous nous servions ainsi des créatures pour aller à Lui.

C'est ainsi qu'un frère Chartreux doit s'intéresser à son travail et le faire de son mieux. Mais c'est surtout vrai pour les personnes du monde : une mère doit s'intéresser à son enfant, se purifier et se sanctifier avec lui et par lui. Et c'est dans cet intérêt porté à l'image de Lui-même que Dieu lui a confiée, qu'elle trouvera les grâces de force et de paix dont son âme a besoin.

Mais si nous parlons tout spécialement des Chartreux, il faut dire que leur vocation, c'est d'aller tout droit vers Dieu, plus directement et plus simplement que dans toute autre vocation. Leur âme est comme un pin ou un bambou qui pousse, verticalement et sans appui, vers la lumière du ciel.

En sorte que pour un Chartreux, c'est souvent une tentation et un obstacle de penser à ses confrères.

Nous devons prier pour tous ceux qui nous sont confiés, mais en restant tournés vers Dieu, comme le disait la petite Thérèse : sans nous retourner. Passer des heures à penser aux défauts des autres, à leur conduite, à ce qu'ils devraient faire, nous comparer à eux, nous désoler de leurs avantages, voilà évidemment une triste façon de perdre son temps. Si nous pensions d'ailleurs aux qualités de ces mêmes confrères ou supérieurs, à leurs vertus, à leur gentillesse, ce serait moins vilain, mais ce serait quand même du temps perdu ; cela ne ferait de bien ni à notre âme ni à celle des autres[3]. Ce qui est normal, c'est d'être tourné vers Dieu seul.

Il faut que quelque chose nous arrache à nous-mêmes. Tant que nous sommes enfermés en nous, nous sommes prisonniers, nous sommes malheureux. Mais cette façon de penser au prochain, à laquelle je viens de faire allusion, ne nous délivre pas de nous-mêmes, au contraire, elle nous y ramène à chaque instant.

Les créatures sont des impasses. Dieu seul est la voie ouverte par laquelle nous pouvons échapper à nous-mêmes.

Il est tellement vrai que la fleur de notre âme doit être tournée vers Dieu seul, que toute comparaison, toute préoccupation avec les créatures lui est nuisible. C'est vrai au point que nous devons même prendre garde de ne pas nous arrêter aux saints, de ne pas perdre notre temps à nous comparer à eux.

C'est la pensée de Dieu seulement qui peut nous donner à la fois la liberté et la pureté, et l'équilibre entre l'une et l'autre. Votre cœur est infini et unique, et il étouffe si vous

---

3. Si l'homme droit peut tirer occasion du spectacle de la vertu d'autrui pour rendre grâce à Dieu, il n'est ni nécessaire ni utile qu'il s'y attarde par curiosité.

ne le plongez pas dans son élément, c'est-à-dire dans le divin, car il n'y a que Dieu qui soit infini et unique comme Lui.

Ce n'est pas en prenant modèle sur les hommes, même sur les meilleurs, que nous saurons ce que nous devons faire, mais en nous tournant vers Dieu; c'est Lui qui nous montrera ce que nous devons faire, quels sont les sacrifices qui nous sont demandés, et c'est lui seul aussi qui nous donnera la force de les faire.

Après une faute, il faut bien se garder de rester dans la position néfaste où elle nous a placés; détournons-nous bien vite de nous-mêmes, et retournons-nous vers Dieu avec une énergie renouvelée: c'est l'art d'utiliser ses fautes. L'âme rebondit comme une balle dès qu'elle a touché le sol.

Lorsqu'on est dans l'obscurité, lorsqu'on ne voit pas Dieu ni son idéal, il faut avoir un peu de courage et rester patiemment tourné vers Lui, en faisant son devoir comme d'habitude. C'est dans ces heures sombres qu'on avance le plus rapidement vers le but. Les tunnels sont des raccourcis. Se distraire alors, c'est perdre de grandes grâces.

Deux positions maladives et ruineuses de l'âme, dans lesquelles elle ne doit jamais s'attarder:

– se plaindre d'elle-même;

– se plaindre des autres.

S'arracher bien vite à cette atmosphère, se tourner vers Dieu.

Tout ceci est résumé dans ces paroles de Marie:

– *Ecce Ancilla Domini!* Voici la servante du Seigneur!

– Tournée vers Dieu; humble en présence de Dieu.

– Vierge (« *virum non cognosco* »: Je ne connais point d'homme).

Si nous sommes fidèles à retourner toujours patiemment notre âme vers la lumière divine, nous deviendrons lumineux à notre tour; comme les fleurs prennent la ressemblance du soleil.

L'orientation normale produira l'ordre, l'équilibre, la tranquillité et la paix.

Alors, nous serons sur le chemin de la sainteté qui consiste à s'intéresser à Dieu plus qu'à soi-même, et à vivre de *SA BEAUTÉ*.

XXIII

LE SAINT-ESPRIT

Le Fils de Dieu, Notre Seigneur Jésus-Christ, semble, au regard du contemplatif ébloui de sa pure beauté, au centre de la Trinité. Tandis que le Père n'est né d'aucun principe autre, et que dans le Saint-Esprit se clôt le cycle de la Vie divine, le Fils seul est à la fois Celui qui procède et Celui dont un Autre procède.

Éternellement, il naît de son Père ; éternellement il retourne vers son Père pour que de l'un et de l'autre, émane leur Esprit d'Amour.

Voilà donc, dans la Famille éternelle, une troisième Personne. C'est donc en Elle que s'achève la Vie divine ; c'est de là, par conséquent, qu'elle rejaillit pour se communiquer au dehors, pour pénétrer en nous. Et pourtant, cette troisième Personne est celle que nous avons le plus de peine à dénommer. Les hommes n'ont pas su Lui trouver un nom exclusif, comme celui de Père pour le premier, celui de Fils pour la deuxième Personne. Le nom de Saint-Esprit, que notre Seigneur Lui-même nous a enseigné dans l'Évangile, désigne en effet une double Perfection essentielle à la divinité ; Dieu est Esprit et Dieu est Saint. Le Père est Esprit, le Fils est Esprit ; le Père et le Fils sont saints, et c'est pour cela même que la troisième Personne, le fruit divin des deux premières, nous l'appellerons de ces deux noms mêmes qui vont lui devenir propres, parce qu'ils sont communs aux deux personnes qui la produisent unanimement.

On lui donne aussi le nom d'Amour. Dieu tout entier est amour, et si on a fait un nom propre de la troisième Personne, c'est à cause de la pauvreté de notre expression. Le Père se connaît, et cette pensée est substantielle comme Lui, Dieu comme Lui. Ici, on a un mot propre: on l'appelle le Verbe. Le Père et le Fils s'aiment et ce rejaillissement d'un amour infini est substantiel comme le Père et le Fils, divin comme le Père et le Fils. Et alors on n'a pas de mot, on reprend le nom d'Amour, et on le donne en propre à la troisième Personne.

Dans l'amour, au lieu de se replier sur soi-même par un mouvement égoïste, on en sort pour se donner à celui qu'on aime, pour se transporter en lui spirituellement, pour ne vivre qu'en Lui. Le Père et le Fils sont ainsi tout entier l'un dans l'autre, il n'y a qu'un amour produit par leur double amour. Le Père et le Fils sont comme deux amis qui étendent les bras l'un à l'autre, et ce mutuel embrassement est le lien qui les unit l'un à l'autre, embrassement unique dont la force vient également de l'un et de l'autre. En cet amour, fruit parfait de l'amitié du Père et du Fils, nous adorons la troisième Personne qui resplendit entre les deux Premières comme leur vivant trait d'union.

On l'appelle aussi le Don de Dieu parce qu'il est l'Amour de Dieu. Remontez au principe du geste de celui qui donne quelque chose; vous y trouverez toujours l'amour. C'est parce que nous aimons quelqu'un que nous lui donnons quelque chose. Nous puisons en ce qui est à nous pour le lui donner. Mais le premier don que nous avons fait, c'est notre amour même. Tous les autres n'en sont que la conséquence. Aussi la troisième Personne, amour du Père et du Fils, est-elle aussi leur *don* mutuel. Le Père aime le Fils si pleinement qu'Il se donne tout à lui. Le Fils aime si parfaitement le Père, qu'Il se donne à Lui tout entier, et il en résulte ce *Don* réciproque qui est une autre personne au milieu d'eux.

Le Saint-Esprit est le Don. Il est donné, mais Lui ne donne pas à son tour. Il ferme en Lui le cercle de la vie divine commencé dans le Père. Mais Il est par là même, le point de jaillissement des œuvres de Dieu au-dehors. Étant le Don, Il est susceptible d'être donné à son tour, et Il l'est effectivement: Il pénètre dans notre âme pour y répandre ses présents: il s'y installe Lui-même d'abord comme le premier Don. Les divines Personnes demeurent toutes trois chez nous dans leur ordre éternel, chacune avec ses caractéristiques. Le don que le Père et le Fils se font réciproquement et qu'Ils nous communiquent en nous admettant à participer à leur vie intime est en nous le gage de tous les autres dons.

Que l'âme contemplative s'applique donc avec ferveur à deviner en elle la présence intime de cet Esprit Saint qui est Amour et Don de Dieu. Par cette divine Personne, elle reçoit communication vive de l'Esprit de Dieu dont nous sommes devenus les enfants. Par cet Esprit Saint, Amour vivant répandu dans nos cœurs, nous sommes élevés vers Dieu et attirés à Lui pour n'aimer que Lui, et toutes choses en Lui. Par ce Don, enfin, nous nous donnons à Dieu comme le Père se donne au Fils, et le Fils au Père, dans l'unité du Saint-Esprit.

XXIV

SAINT BRUNO NOTRE PÈRE

La fête de notre Père saint Bruno nous invite à lui exprimer notre reconnaissance pour les bienfaits que nous lui devons. C'est par lui que cet Ordre existe, qui est ici-bas notre hâvre de grâce, et par lui cette règle nous est donnée, qui nous assure une vie droite, une voie directe vers la vraie béatitude, si toutefois nous y sommes fidèles.

Car nous ne pouvons laisser, en célébrant la présente solennité, de nous interroger sur cette fidélité à la lettre comme à l'esprit de nos constitutions, et si nous devons avouer qu'elle est déficiente, il importe beaucoup pour notre santé spirituelle que nous prenions la résolution de nous y tenir davantage à l'avenir.

Il est clair qu'une règle n'est féconde et bienfaisante que dans la mesure ou elle est respectée ; il faut regarder en face une telle évidence, même et surtout lorsqu'elle exige de nous de nouveaux efforts, et si nous croyons ne pouvoir observer dans leur intégrité les prescriptions de nos Statuts, que du moins, le recueillement, l'obéissance et la charité, dont nul prétexte ne dispensée, n'en subissent aucun relâchement, aucune exception...

Nous pouvons être certains, d'ailleurs, que ces vertus essentielles se perdront chez nous, si *les raisons* que nous nous donnons à nous-mêmes pour nous écarter de nos Constitutions, *ne sont pas réellement nécessaires*. Il n'est pas besoin d'avoir une grande expérience pour trouver dans les faits la confirmation de ceci.

Le recueillement n'est pas seulement l'habitude de tenir la pensée dans le cercle des préoccupations spirituelles, bien que cette habitude soit indispensable à l'équilibre de la vie religieuse... L'âme ne se recueille vraiment, c'est-à-dire elle ne découvre le fond pur et divin de sa propre essence que si elle sait garder la paix. Seules les eaux tranquilles laissent passer la lumière, et peuvent en être saturées. Il semble malheureusement que notre nature déchue cherche elle-même des raisons de s'agiter ou de s'irriter. Si nous faisons avec une sincérité rigoureuse le compte des douleurs et des ennuis que les circonstances objectives nous causent, et si nous les opposons à ces difficultés imaginaires par quoi notre cœur se tourmente, nous devrons convenir que nous sommes, dans la plus part des cas, les artisans de notre peine. Ce n'est pas, le plus souvent, que la contemplation soit difficile parce que la pensée est occupée et le cœur en révolte, c'est plutôt que le cœur et l'esprit cherchent un prétexte, fût-il cruel, pour ne pas maintenir le regard tourné vers le Soleil Divin ; car Celui-ci Seul charme en nous le souci de l'esprit mais exige, par sa pureté même, un sacrifice constamment renouvelé.

* *Pour l'obéissance* aussi, le calme de l'âme est nécessaire, et c'est une funeste tentation quand on reçoit les ordres ou les conseils d'un Supérieur, de les vouloir exécuter avec une telle minutie, ou de les rouler si malheureusement dans sa propre tête, qu'on en vient à les trouver totalement inapplicables, et qu'on force enfin l'autorité à se rétracter. Nous pouvons tous avoir des tentations de ce genre, qui deviennent parfois tyranniques lorsque la résistance de l'esprit, pour des raisons physiques par exemple, se trouve affaiblie. Nous y pouvons cependant porter remède par l'ouverture envers ceux qui nous conduisent et par la sincérité envers nous-même, nous habituant à déjouer avec un sourire ces ruses cousues de fil blanc de l'amour-propre.

L'obéissance n'est facteur de développement spirituel que si elle est un véritable consentement du cœur et de l'esprit : elle rejoint ainsi la charité, la vertu essentielle du contemplatif.

La charité. On dit qu'un instrument de musique est accordé quand les sons qu'il donne, dans leur différence, composent une harmonie : et c'est la condition pour que l'on y puisse jouer ce que l'on veut. Pour que l'Esprit Saint puisse exécuter sur nos âmes l'hymne de la louange divine, il faut pareillement que, chacune gardant son rang et son rôle, elles soient bien accordées par l'amour fraternel.

Quant à sa manifestation extérieure, la charité, en Chartreuse, prend plus souvent la forme du respect mutuel ou de la courtoisie que celle d'une intervention active, encore que celle-ci doive se produire en quelques circonstances. La vie claustrale, si l'âme n'a pas l'habitude vraiment de s'évader *dans la lumière divine,* prédispose à une certaine étroitesse d'esprit. Chaque cénobite, s'il s'écoutait, deviendrait intolérant à l'égard du voisin, et par là même, intolérable.

Plus l'homme est spirituel, plus il est disposé à reconnaître en l'âme de son frère le domaine mystérieux d'une action divine, dont il ne nous appartient pas, en général, de fixer les modalités. Dieu parle à chacun un langage nouveau et comme édénique : si nous écoutions mieux en nous cette parole éternelle, nous saurions la deviner aussi mieux sous une expression étrangère et nous serions moins préoccupés de ce qui, dans le comportement de nos confrères, nous est à charge. Il faut convenir, en effet, que ce sont les vertus des autres, tout autant que quelques défauts, qui souvent nous déplaisent. Efforçons-nous donc de maintenir entre nous la pure atmosphère de la confiance et du respect mutuel, qui est d'un si haut prix pour la vie contemplative.

Notre Père saint Bruno nous a donné un exemple singulier de cette délicatesse que l'effacement de soi ne peut manquer de provoquer chez les âmes fidèles à la lumière. Fondateur d'un grand ordre monastique, et doué d'une personnalité qui semble avoir eu une puissance d'attraction et de séduction extraordinaires, il ne nous a pas, cependant, *imposé de spiritualité qui puisse* porter son nom et corresponde dans l'histoire, à l'école franciscaine, par exemple, ou carmélitaine ou ignatienne. Il savait que les solitaires ont besoin d'une grande liberté intérieure, qu'il leur faut, pour posséder Dieu à la mesure de leur soif, le trouver au-delà de tous les noms et de toutes les formules. Mais il est clair qu'il nous demande par le précepte (Règle) et l'exemple, des sacrifices proportionnés à ce haut privilège, c'est-à-dire l'exacte observance d'un effacement quotidien de nous-mêmes, devant ce que requièrent les coutumes cartusiennes d'une part, et le support, la compréhension mutuelle, le pardon, d'autre part, dont notre vie demi-cénobitique ne laisse pas de nous fournir en tout temps l'occasion.

Soyons bien attentifs à garder ce bel héritage de Notre Père saint Bruno et que lui-même nous obtienne, avec les grâces dont il a commencé de nous combler, une généreuse correspondance à ces mêmes dons célestes, afin que nous en possédions un jour avec lui, dans une communion parfaite, l'éternelle plénitude.

Saint Bruno, 1945

XXV

SUR L'ORIENTATION NORMALE DE L'ÂME

Il est d'extrême importance de suivre la juste direction (la bonne orientation) : lorsqu'on voyage, elle nous exempte d'une foule de difficultés et d'obstacles.

Quelle est l'orientation normale de l'être humain ?

C'est d'être tourné vers Dieu.

Ne pas se regarder soi-même

Bérulle: « Il faut premièrement regarder Dieu et non pas soi-même, et ne point opérer par ce regard recherche désormais de soi-même mais par le regard pur de Dieu. »[4]

Roussier: « Gardez-vous bien de vous trop regarder. Allez toujours bien humblement sans amusement sur vous-mêmes, ne regardez rien, je vous prie, que ce qui est beau ; nous sommes sans doute bien laids, et Jésus tout exprès est si beau qu'il doit heureusement ravir notre vie. »[5]

Se regarder soi-même est dangereux à la fois pour le corps et pour l'âme. Pas de plus grand obstacle au procès spirituel que l'habitude de se demander ou l'on en est dans la vie spirituelle.

Saint-François de Sales: « Voulez-vous regarder Dieu ? regardez-Le donc et soyez attentifs à cela, car si vous réflé-

---

4. Cardinal Pierre DE BÉRULLE (1575-1629), fondateur de l'Oratoire de Paris, *Œuvres complètes* (Paris 1856), p. 1245.

5. Antoine ROUSSIER (1595-1639), prêtre, cité par H. Bremond, *Histoire du sentiment religieux en France* (Paris 1923), III, p. 146.

chissez et retournez vos yeux sur vous-mêmes pour voir la contenance que vous tenez en Le regardant, ce n'est plus Lui que vous regardez, c'est votre maintien, c'est vous-mêmes. Celui qui est en une fervente oraison ne sait s'il est en oraison ou non, car il ne pense pas à l'oraison qu'il fait, mais à Dieu auquel il la fait. »

Ne pas regarder son prochain

Regarder son prochain est également dangereux et ruineux. Quand je dis ici regarder, je veux dire « juger ». La véritable valeur des âmes nous échappe parce qu'elle dépend uniquement de l'humilité qui demeure cachée à nos yeux.

Nicole: « Il faut avoir dans l'esprit que Dieu jugera les âmes non pas d'après les caractères, ni même d'après les fautes extérieures. Une personne peut faire beaucoup plus de fautes d'inconsidération, de légèreté, d'empressement, d'imprudence, qu'une autre; elle peut avoir beaucoup moins de lumière et de conduite qu'une autre, et être néanmoins plus belle aux yeux de Dieu parce que domineront en elle la simplicité et l'humilité. Le fond de la vertu chrétienne est inconnu aux hommes. »[6]

Cette dernière pensée est très profonde: elle nous fait comprendre aussi que nous ne devons pas même essayer de nous juger nous-mêmes, mais faire notre possible et nous abandonner à Dieu.

Quant à nos confrères, il faut être bien résolus à ne pas nous en occuper, sinon toute vie spirituelle supérieure nous sera impossible.

Saint Jean de la Croix. « Ne vous scandalisez et ne vous étonnez jamais d'une chose aperçue ou apprise, mais conservez votre âme perçue dans l'ignorance de ce qui se passe autour de vous; car si vous acceptez même un peu, d'y faire attention, vous pourriez vivre avec des anges, vous auriez mauvaise opinion de nombre de leurs faits et gestes, faute d'en saisir le sens profond. »

6. Pierre NICOLE (1625-1695), solitaire de Port Royal. Cf H. Bremond, *Histoire... IV.*

Il faut que vous laissiez tout tomber pour garder votre âme pure et entièrement pour Dieu sans qu'un souvenir quelconque vienne vous en distraire.

« Si vous ne vivez pas comme si vous étiez absents de la maison, vous ne pourrez malgré tous vos efforts ni être un religieux, ni atteindre le vrai recueillement » (3ème "précaution").

Chercher notre ligne de conduite dans l'admiration des hommes, au lieu de la chercher dans l'admiration de Dieu ; la chercher dans l'exemple du prochain au lieu de la chercher dans l'exemple de Jésus, ceci nous conduit à entreprendre quelquefois des choses trop élevées pour nos forces à nous tenir au-dessous de ce que Dieu nous demande, et presque toujours à vivre à côté du chemin de lumière.

Voici encore deux exemples tirés de la vie des Pères, et qui montrent comme le souci de plaire aux hommes ou le désir de rivaliser avec eux peut nous écarter de la divine vérité, et fausser notre vie spirituelle.

• Un ascète qui vivait dans le monde se retire au désert, se décide à vivre seul. Un de ses amis d'autrefois le visite et le trouve en train de manger à midi. Surprise... « Autrefois, quand tu vivais dans le monde, tu mangeais le soir seulement, un petit morceau de pain ; et voilà que tu te payes une bonne soupe au lait, et que le soleil est encore en haut du ciel !...

– « Autrefois, j'avais des forces artificielles qui me venaient, des éloges que je recevais, maintenant que je ne m'occupe plus des hommes, mais seulement de Dieu, il me faut beaucoup manger. En un mot : l'orgueil me nourrissait et ce n'est pas trop d'une soupe au lait pour remplacer les satisfactions que me donnait l'étonnement admiratif de mon entourage.

• Autre histoire : les moines du désert de Scété qui viennent trouver leur abbé et demandent l'expulsion d'un novice qui les dégoûte de la vie religieuse parce qu'il fait des mortifications impossibles qu'ils ne peuvent imiter, en sorte que leur vie, pourtant très austère, leur paraît complètement dépourvue de sens et de valeur.

Une mystique anglaise du XIVe siècle à un novice: « Vouloir faire tout ce que font les autres, en bien ou en mal, c'est agir comme les singes. Soyez donc très prudents et mettez à l'épreuve les mouvements intérieurs de votre cœur, afin de voir d'où ils proviennent. Sont-ils l'œuvre de la grâce, ou ne sont-ils que des singeries ? Dieu le sait et non pas moi, (bien que le directeur, la grâce aidant, puisse souvent aider le pénitent à voir clair en pareil cas). En tous cas, je vous le répète afin de vous faire éviter le péril : si vous voulez prendre ou laisser quelque chose en plus de la règle ou en moins, examinez bien si cela vient de l'amour et de l'humilité ; ou si ce n'est pas plutôt une idée qui est entrée par les fenêtres du dehors, les oreilles et les yeux. Jérémie le dit clairement : "C'est par les fenêtres que vient la mort" (Jr 9, 20) ».

Être orienté vers Dieu

D'une façon générale, nous devrions vivre comme si nous étions constamment en présence de Dieu seul (Et c'est la réalité !).

Il ne suffit pas que l'âme se détourne d'elle-même et des hommes : il faut qu'elle regarde tout entière Jésus et Marie, ou l'abîme délicieux de la simplicité divine. Les saints même ne sont des exemples pour nous que sous certaines réserves.

Une moniale chartreuse: « Pour chaque âme, la perfection n'est pas du tout la même. De même qu'il y a une très grande différence entre chaque caractère, ainsi en est-il avec les âmes ; il n'y en pas deux semblables. Dieu qui les a créées sait ce qui convient à chacune. Il les appelle à la perfection par une voie toujours mystérieuse et en quelque sorte unique et le Saint-Esprit, qui est le sanctificateur, les conduit à cette perfection par des grâces particulières. La raison par laquelle si peu arrivent à la sainteté, c'est qu'elles ignorent ou ne comprennent pas cette vérité. En lisant la vie d'un saint ou d'une sainte, au lieu d'imiter ses vertus ordinaires, on se met à imiter, à copier son attrait qui est souvent tout autre que le nôtre. Et ce qui arrive alors, c'est que le Saint-Esprit est oublié, et son action divine dans leur âme, méprisée. Il les appelle par exemple une voie de mortification et d'humilité, et elles font tous les efforts pour suivre une voie de haute oraison. C'est alors toute une vie de déceptions, de peines intérieures, d'opposition involontaire à la grâce. Oh que ces âmes sont à plaindre qui cherchent leur perfection chez les autres, alors qu'elle est au-dedans d'elles-mêmes ! »

Ce que l'on gagne à être tourné vers Dieu seul, c'est d'abord la liberté. Car Dieu nous demande toujours ce que nous pouvons donner tandis que le souci de plaire aux hommes ou de les imiter nous jette nécessairement dans les plus grandes angoisses.

C'est ensuite la générosité car lorsqu'on se voit aimé d'un Dieu d'amour, lorsqu'on fixe du regard ce foyer éblouissant, on se sent prêt à Lui donner tout ce qu'on peut : ce seront quelquefois des choses plus petites en apparence, des choses plus simples, en tout cas, mais qui auront beaucoup plus de valeur parce qu'elles seront offertes à Dieu seul.

En outre, ce que l'on gagne dans ce tête-à-tête avec Dieu, c'est la véritable humilité. Devant l'infini de la justice et de la miséricorde divines, on se sent tout petit, on disparaît comme un grain de poussière dans le ciel.

P. Rigoleuc : « Il suffit de contempler par un simple regard Jésus-Christ, ses perfections, ses vertus, Tout ce qu'est Jésus et Marie n'est pas seulement saint, mais c'est sanctifiant, et cela s'imprime dans l'âme qui contemple, sans qu'elle ait à faire aucune réflexion sur elle-même ».[7]

La bonne Armelle : Notre Seigneur lui dit intérieurement ces quatre paroles : « Ma fille, tant que tu Me regarderas, tu M'aimeras ; tant que tu Me regarderas, tu Me serviras ; tant que tu Me regarderas, tu Me suivras ; et quand tu Me regarderas point, tu ne Me suivras point ».[8]

Saint Cyran : « Il y a mille moyens pour nous perdre, et il n'y en a qu'un pour nous sauver, savoir l'humilité qui n'a

7. Jean RIGOLEUC, SJ (1595-1658). Cité par le R.P. Lhoumeau, *La vie spirituelle à l'école du Bx L. M. G. de Montfort* (Paris 1913), p. 95-96.

8. Armelle NICOLAS, dite la Bonne Armelle (1606-1671), cf. Jeanne de la Nativité, ursuline, *Le triomphe de l'amour divin dans la vie d'une grande servante de Dieu nommée Armelle Nicolas* (Paris 1683), p. 417-420).

pas de plus fidèle compagne que le silence sans lequel elle ne saurait subsister parce que toutes les autres vertus reposent dans le silence comme dans leur lit.»[9]

Enfin, le dernier fruit de l'attitude contemplative, de l'orientation objective, c'est la paix et la joie. Voilà ce que Dieu veut de nous par-dessus tout.

Dieu a créé la paix et la joie avant le monde puisqu'Il a créé le monde pour loger ces joyaux divins, et ce qu'Il cherche par-dessus tout, ce sont des cœurs tranquilles et purs qui veulent faire accueil à cette joie, à cette paix.

Dieu nous appelle à chaque instant: tournez-vous vers Moi seul et je vous ferai découvrir un refuge qui est au-delà de tous les conflits, de toutes les contradictions et de toutes les douleurs.

---

9. Jean DUVERGIER DE HAURANNE, abbé de St-Cyran (1581-1643), *janséniste, lié à Port-Royal*, *Maximes*...p. 87 (cf. H. BREMOND, IV p. 166).

XXVI

VERS L'AMOUR PARFAIT

Ce que nous voulons, c'est que Dieu ressuscite et vive en nous. Laisser être *Dieu,* cela suppose de *faire le* vide de nous-même, nous renoncer.

Il y a une connexion entre les idées de « mort et de résurrection », de « renoncement et béatitude ».

Quels sont les renoncements particuliers du contemplatif ?

– Le renoncement *au besoin de jouir* : plus on boit, plus on a soif.

– Le renoncement *au besoin d'agir* ; c'est une des grandes difficultés de la vie cartusienne. Pourtant, l'attitude passive en face de Dieu est logique puisqu'Il est tout ; il n'y a qu'à s'abandonner mais cela coûte beaucoup.

– Le renoncement *au besoin de voir et de sentir* ; il faut faire la distinction entre la partie extérieure sensible, et la partie intérieure profonde, qui n'est pas sensible.

– Le renoncement *au besoin d'être le premier,* de juger et de mépriser les autres. Toute la question est là : renoncerai-je à *mon* avantage ; alors je jouirai de l'avantage de Dieu. Si je cherche *mon* avantage, j'aurai quelques satisfactions d'amour-propre, mais je n'aurai pas la joie et la paix de Dieu.

Renoncer à son avantage dans les discussions, quelle tranquillité intérieure après – sinon quelle pauvre satisfaction.

Renoncer à juger les autres, en se souvenant que c'est un mécanisme de l'amour-propre : on cherche se faire valoir, à être intéressant. Ces plaisirs ne nous rendent pas heureux.

Si on ne veut pas être jugé par Dieu, si on veut avoir le cœur vraiment en paix, il faut renoncer à juger son prochain (Mt 7, 1). La raison en est que c'est l'amour-propre qui cherche à se satisfaire ; or l'amour-propre est une maladie. Heureuse l'âme qui ne s'occupe pas de son prochain ; de cette façon-là elle vit dans la solitude intérieure. Mais quelle agonie elle impose parfois à l'âme : mais quel bonheur elle donne aussi ! On est seul avec Dieu comme dans une sorte de nouveau Paradis terrestre : l'âme est seule avec son Époux.

Voilà deux signes de l'amour :

a) aimer à être seul avec Dieu ;

b) ne voir que Lui en tout, ne voir que Lui.

On se retrouve dans une atmosphère édénique, dans un grand calme et un grand silence – seul avec Dieu, comme dans les forêts de l'Eden. Les autres hommes sont loin, c'est le ciel déjà.

Il faut de même renoncer aux consolations et aux encouragements extérieurs. Ceux qui viennent directement de Dieu sont incomparables. Certes, nous ne pouvons pas nous rendre complètement indépendants, nous devons nous faire diriger, au moins par un prêtre et quelques livres. Mais c'est de l'intérieur que vient la vraie lumière. Nous sommes enfermés avec Dieu et nous allons à la fenêtre pour avoir de ses nouvelles : quel non-sens... Quand les hommes nous parlent de Dieu, ils mettent toujours des conditions et des restrictions. *Mais quand Dieu nous parle de lui-même, Il ne nous parle que de son amour.*

Une objection : Que devient, la charité envers le prochain si notre idéal le plus élevé est de nous perdre en Dieu ?

Réponse : Ce qu'on donne est important. Nous, ce que nous voulons donner, c'est Dieu, rayonner Dieu. Il faut pour cela nous identifier à Lui afin d'atteindre les cœurs par l'intérieur, voilà notre vocation cartusienne, se tourner vers Dieu comme une plante vers le ciel, sans rien chercher d'autre.

« Il vous est utile que je m'éloigne de vous. Si je ne m'en vais pas, le Consolateur ne viendra pas à vous, mais si je m'en vais, je vous l'enverrai, et s'il vient, il convaincra le monde au sujet du péché, de la justice et du jugement. » (Jn 16, 7-15)

L'Évangile est une lecture inépuisable, mais il faut laisser le texte s'imprégner dans l'âme.

Faisons du texte de saint Jean ci-dessus une application à la vie intérieure :

1) *L'éloignement de Jésus,* c'est le délaissement, l'absence de consolation, le manque d'entrain pour tout bien, qui nous rend indolents, froids, lourds et sombres. Si l'on comprenait... Cet état est une grande grâce : la préparation à la venue de l'Esprit.

– *L'Esprit Saint viendra* et convaincra le monde. Qu'est-ce que le monde en nous ? Ce sont les façons du monde, ses manières d'agir et de voir, c'est se laisser aller aux émotions, aux plaisirs, aux souffrances, aux soucis, etc. Il ne faut avoir aucune attache aux créatures. Si nous en avons et ne le sentons pas, c'est que le Saint-Esprit n'est pas encore venu.

– *Le jugement du Saint-Esprit* : c'est une grande grâce que de sentir en nous ce jugement. Au contraire, c'est un grand malheur quand on ne sent plus intérieurement ses fautes. Mille fautes, dit Tauler[10], que tu connais réellement et dont tu t'avoues coupable, sont pour toi moins nuisibles qu'un seul péché que tu refuses de connaître, dont tu ne veux pas te laisser reprendre, dont tu n'as ni chagrin ni angoisse, voulant au contraire te persuader pleinement que tu as eu raison.

« Père, glorifie ton fils, de cette gloire dont je fus revêtu avant que le monde n'existât. » (Jn 17, 5)

La vraie gloire, celle de Jésus, et à laquelle nous sommes destinés, est antérieure et au-dessus du monde.

La prière, qui est une élévation de l'âme à Dieu, a pour effet de nous revêtir peu à peu de cette gloire de Jésus.

Les auteurs qui ont écrit sur l'oraison voient un symbole de l'oraison dans le geste de N.S. à la Cène : « Les yeux levés

10. Jean TAULER, OP (v. 1304-1361), *Sermons* (Paris 1927).

au ciel, vers Toi, Dieu son Père, il rendit grâce... (1ère Prière Eucharistique)

Autre texte: «Une fois élevé de terre, j'attirerai à moi tous les hommes» (Jn 17, 32).

Voici comment, d'après Tauler, on peut et doit aller à Dieu: «Dégage-toi vraiment de toi-même et de toutes choses créées. Élève pleinement ton âme à Dieu au-dessus de toutes les créatures. Là, cherche à t'unir à Dieu aussi simplement que possible; moins on multiplie les actes mieux cela vaut. Plus l'oraison est simple, plus elle est profonde». Quelquefois, l'âme se repose en Dieu, sans parole ou presque sans paroles. Ce silence résume et comprend toutes les demandes que l'on peut faire (un sou ou cent mille écus d'or!).

Les prières vocales ne sont qu'un moyen pour arriver à cette fusion et cet écoulement de l'esprit créé dans l'esprit incréé de Dieu.

Un des effets de l'oraison, c'est qu'on se place au point de vue de l'éternité. Les difficultés d'ici-bas paraissent alors bien méprisables. Dans un certain sens, en Dieu, tout est déjà réalisé, nous sommes déjà à la place qu'Il nous destine éternellement. Se plonger ainsi en Dieu par le recueillement, c'est comme si on entrait au ciel par une porte secrète et que, pour un instant du moins, on s'asseyait à sa place éternelle. Mais quelle sera la place éternelle du contemplatif?

Un vrai contemplatif, c'est celui qui a l'habitude de penser à Dieu, de laisser Dieu envahir sa pensée, son cœur, gouverner ses actions. En un mot: c'est celui qui a l'habitude, par l'humilité, l'obéissance et le recueillement, de laisser la place à Dieu. Mais si nous laissons la place à Dieu, Dieu nous laissera sa place. C'est donc sur le trône de Dieu que l'esprit va se blottir par l'oraison; il pénètre dans le ciel.

«Je Te prie pour qu'Ils soient un comme nous sommes un.» (Jn 17, 11) Cela aussi est de saint Jean. Notre Seigneur veut que cette prière soit réalisée en nous. Tous, en Chartreuse, ont une certaine union avec Dieu. Peu arrivent à l'union parfaite. La principale raison en est le manque de générosité et de soumission du jugement. Jour après jour, efforçons-nous de profiter des grâces reçues de façon à arriver à l'heure voulue par Dieu, à cette étroite union.

Nul doute que saint Jean qui s'est fait dans son Évangile l'apôtre de cette union de l'âme avec le Père, le Fils et le Saint-Esprit nul doute que lui-même n'ait connu cette union à un degré très élevé.

On s'est servi de la vie de saint Jean pour essayer de caractériser les degrés de la vie intérieure. Notre Seigneur a attiré saint Jean à Lui de trois manières, et c'est de cette façon qu'il attire tous les hommes qui doivent arriver à la plus haute vérité.

La première fois que Notre Seigneur a appelé saint Jean, c'est quand Il l'a retiré du monde pour en faire un apôtre. Ainsi de nous, Il nous a retirés du monde, Il nous invite à descendre à l'intérieur de nous-même, à mettre de l'ordre dans nos affections et nos passions. La surveillance de soi-même;... la lutte contre soi-même;... la lutte contre la tristesse et l'inquiétude... Couper court!...

Le second appel: saint Jean repose sur le cœur de Jésus. Donc: se laisser attirer à l'aimable image de Jésus et Le contempler avec attention: sa douceur, son humilité sa profonde et ardente charité pour amis et ennemis, Son Grand et docile abandon sur tous les chemins où le Père l'appelait, sa pauvreté. – Alors, il faut faire la comparaison avec nous, prendre conscience de notre petitesse et nous jeter dans les bras de Jésus. Même dans cet état, saint Jean s'enfuit: on peut hélas encore avoir de l'estime pour soi, de la tendresse pour soi.

Le troisième appel de Dieu, c'est la venue du Saint-Esprit. On reçoit l'Esprit de Notre Seigneur. On ne Le regarde plus, on est un avec Lui.

Être perdu en Dieu dans une simplicité parfaite, une totale indifférence à ce qui n'est pas Dieu, un Total abandon a ce qu'Il fait en nous et hors de nous.

Oubli et simplicité totale: quand l'âme va bien, on s'oublie soi-même pour ne plus se souvenir que de Dieu.

XXVII

LE COMBAT SPIRITUEL

Nous avons des tentations et des difficultés dans la vie, mais n'oublions pas que nous ne sommes pas les seuls : les saints ont été terriblement éprouvés et Notre Seigneur Lui-même.

Une grande consolation pour ceux qui sont tentés ou affligés, c'est de savoir que c'est un signe de l'amour de Dieu. S'Il permet que nous soyons tentés, c'est qu'Il veut nous purifier et nous élever. Donc ni les tentations ni les mauvais sentiments que nous pouvons ressentir involontairement, ne doivent nous troubler, au contraire nous donner de l'espérance.

« Quand un homme tombe en défaillance, ne donne aucune marque de vie, on lui met la main sur le cœur et pour peu qu'on y sente du mouvement, on juge qu'il n'est pas mort, et que l'on peut avec quelque liqueur forte et subtile lui faire revenir ses forces ; jugeons ainsi de l'état de notre âme dans les violences des tentations qui semblent quelquefois épuiser toutes ses forces : considérons si le cœur et la volonté ont encore quelques mouvements de la vie spirituelle, c'est-à-dire si la volonté refuse le consentement, en rejetant les tentations ou les mauvais sentiments, car tant que ce mouvement reste en notre volonté, nous sommes sûrs que la vie de charité n'y est pas éteinte et que Jésus-Christ est présent en notre âme, quoiqu'Il y soit caché. De sorte que par l'usage continuel de l'oraison et des sacrements, et par la confiance en Dieu, nous pouvons reprendre toutes nos forces, et vivre toujours en Dieu d'une vie douce et parfaite.»

Remède contre les tentations: dès que vous apercevez une tentation, imitez les petits enfants qui, à la vue d'un loup ou d'un ours, se jettent entre les bras de leur père ou de leur mère, ou du moins les appellent à leur secours. Recourez ainsi à Dieu et implorez le secours de sa miséricorde; c'est le remède que Notre Seigneur nous donne en ces paroles: «Priez afin que vous n'entriez point en tentation» (Lc 22, 40).

Il y a à distinguer entre les grandes et les petites tentations. Pour lutter contre les grandes tentations, saint François de Sales énumère quatre remèdes:

1) Le plus général et le plus important, c'est d'avoir recours à Dieu, comme l'enfant, et de protester devant Lui que nous ne voulons pas L'offenser.

2) Le deuxième, c'est la diversion: s'occuper à quelque chose de bon.

3) Le troisième, c'est l'ouverture au directeur;

4) Le quatrième conseil est de couper court: ne pas discuter ni répondre à l'ennemi.

Dans la pratique de la vie, nous avons plus à lutter contre les petites tentations que contre les grandes; les petites sont plus fréquentes et, dans un certain sens, il est plus difficile d'y résister.

Nos victoires dans ces petites tentations sont autant de pierres précieuses pour notre couronne du paradis.

Le grand remède pour lutter contre toutes les petites tentations, c est d'avoir un idéal qui nous mette au-dessus de toutes les misères de la vie. Il faut savoir que nous sommes faits pour le bon Dieu et chercher à nous unir à Lui: or, c'est justement en purifiant son cœur de toutes ces imperfections que l'on prépare la place à Jésus et qu'on s'unit à Lui.

Efforçons-nous donc de penser souvent à ce grand mystère: que notre cœur est la demeure où Jésus veut venir et habiter. Alors, en pensant à cet Hôte, à cet Habitant divin dans notre cœur, nous aurons de la force pour être généreux, pour veiller à chasser bien fidèlement tous ces petits mouvements mauvais. Et alors, soyons-en certains, Jésus viendra dans notre cœur, il y apportera sa paix et sa joie, et sa beauté éternelle.

La Patience d'un ange et la douceur d'un agneau

Notre âme est comme une place publique où la foule crie et se démène. La grâce est comme un enfant qui chante et que personne n'entend. Dieu parle très doucement. Toutes les choses divines sont douces.

Histoire d'Élie: Dieu n'est ni *dans* la tempête, Dieu n'est ni dans le tremblement de terre, ni dans la foudre,... vient le souffle léger: là Dieu console Elie (cf. 1 R 19, 11.13).

La mortification a pour but de faire régner dans notre âme l'ordre, le calme et le silence, afin que l'on puisse entendre la voix de la grâce. Toute mortification qui trouble est mauvaise...

Quelles sont les mortifications qui conviennent à un Chartreux? Il y a sept formes de mortifications que nous sommes appelés à pratiquer par état. Là, nous trouvons tout ce qu'il faut pour nous sanctifier: inutile de chercher ailleurs.

Ce sont:

1) L'observance de la Règle.

2) L'obéissance prompte et sans discussion.

3) L'application fidèle au devoir d'état.

4) La fidélité au silence et à l'esprit de silence.

5) La modestie des yeux, la surveillance, des lectures et des conversations, et de tout ce qui peut nourrir la curiosité.

6) L'habitude de réprimer notre susceptibilité.

7) La sérénité, la gaieté, un cœur paisible, un visage serein.

Un Chartreux curieux est aussi distrait et plus distrait qu'un homme dans le monde.

Une lecture peut nourrir la vie intérieure, ou prendre la place de cette vie intérieure.

La vraie clôture est dans la volonté. Sans elle, pas de vie intérieure.

Il ne faut jamais se fâcher. L'irritation intérieure ou extérieure est la mort de la vie spirituelle. Il faut être sans amertume dans ses paroles, dans ses pensées. Ceci constitue la vertu de douceur. Notre Seigneur en a parlé expressément comme de l'une des vertus divines principales : « Apprenez de moi que je suis doux et humble de cœur » (Mt 11, 29).

L'humilité du cœur, c'est-à-dire la patience du cœur, est la cause de la douceur. Pourquoi se fâche-t-on par exemple quand on est traité comme un imbécile ? Parce qu'on veut être et paraître quelque chose. Pour être vraiment patient et doux, il faut renoncer à être quelque chose. Se considérer comme un grain de poussière, la pratique de la douceur conduit immédiatement à la paix.

Ces deux vertus, la patience et la gaieté spirituelles, nous font ressembler tout particulièrement aux anges : « patience d'ange », « sourire angélique ».

Chose curieuse, on dit aussi : « doux comme un agneau », et « gai comme un oiseau », c'est qu'en effet, ceux qui sont doux et souriants sont en paix avec toutes choses et il s'établit une mystérieuse parenté entre eux et toute la nature.

Ils sont enfants de Dieu, et tout unis à Dieu intérieurement. Et à cause de cela, ils jouissent d'une amitié toute spéciale avec les bons anges. Sainte Gemma Galgani fait faire des commissions à son ange ; elle le renvoie pour rester avec Jésus).

Les cœurs pacifiques entretiennent la paix dans une communauté.

On dit aussi « doux comme une colombe ». Sainte Colombe de Rieti, dont le seul aspect faisait tomber toutes les colères, passa sa vie à réconcilier les gens ennemis les uns avec les autres.

Il arrive même, avec la permission de Dieu, que la merveilleuse vertu d'un cœur pacifique se manifeste par une sorte d'amitié avec les animaux, et une mystérieuse autorité sur eux. (Ex. : le corbeau d'Elie, de saint Benoît. L'oiseau de Catherine Emmerich, de Thérèse Neumann. L'oiseau que saint Joseph de Cupertino avait donné aux religieuses pour leur apprendre à chanter. Le chat de la bienheureuse Marie Barthélémy Bagnesi, le chevreuil de sainte Marguerite de

Savoie. Sainte Rose de Lima qui dit l'office avec les oiseaux, les fleurs lui faisant la révérence).

Ainsi se réalise d'une façon visible et tangible la parole de Notre Seigneur : « Bienheureux les doux parce qu'ils posséderont la terre » (Mt 5, 4).

Si tous les êtres ne nous obéissent pas, c'est peut-être parce que nous ne leur parlons pas avec assez de douceur. Si Dieu même ne nous entend pas, c'est, peut-être parce que nous n'avons pas le cœur assez humble.

Il y a eu une créature qui a été vraiment la reine de la douceur, elle a en quelque sorte, introduit une nouvelle douceur sur la terre. C'est celle qui avait le cœur, pourrait-on dire, infiniment humble, c'est elle qui est tout entière caractérisée par ces paroles : « Voici la servante du Seigneur. Que votre parole s'accomplisse en moi ».

Et à cause de cette douceur merveilleuse, Marie a reçu le privilège de la royauté. Elle est la Mère des hommes et de toutes les créatures et la Reine des anges. Et comme elle est la Mère de Notre Seigneur Jésus-Christ, « la Mère de Dieu », Dieu s'engage en quelque sorte à lui obéir !

Exerçons la charité active dont la vie cénobitique nous offre chaque jour de précieuses occasions.

Mais surtout la charité contemplative qui peut s'exercer à toute heure, dès que nous faisons le sacrifice de nos pensées vaines pour fixer notre attention sur la présence divine au plus profond, au plus pur de notre âme.

Nous savons comment les saints ont combiné et entretenu la flamme de la charité en eux-mêmes : « Considérez la patience et la foi des saints », dit saint Jean (Ap 13, 10). La patience, c'est-à-dire l'épreuve supportée sans révolte, avec cette douceur du cœur dont parle saint François de Sales, la patience unie à la foi, à la ferme confiance en Dieu, voilà ce qui purifie, délivre et approfondit le cœur. Si nous étions moins aveugles, nous serions heureux de toutes les occasions d'exercer cette précieuse patience comme une grâce et une source inépuisable de grâces.

Dans cette lutte, d'ailleurs, nous ne sommes pas seuls. Les saints constituent pour nous une vivante famille dont la solidarité s'étend de la terre au plus haut des cieux. Les âmes du purgatoire sont reliées aussi à la chaîne immense de l'Église et tous, du saint le plus élevé au pauvre pêcheur qui n'abandonne pas la foi et l'espérance, tous se tiennent fraternellement par la main.

Prenons une conscience nouvelle de cette présence et de cette collaboration entre la terre et le ciel. Par une fidélité fervente à notre vie contemplative, tenons-nous étroitement reliés à Dieu par tous les saints, par Jésus et Marie, et entendons la main, d'autre part, à toutes les âmes qui souffrent dans l'ignorance ou le péché, afin de les entraîner avec nous à ce pur bonheur de voir et d'aimer l'éternelle Essence, ont nous goûtons les prémices ici-bas.

Nous parlons souvent de la sainteté avec un peu d'ironie, comme d'un but théorique mais dont nous savons bien qu'il n'est pas question, réellement question de l'atteindre. Ce scepticisme vient en partie de notre faiblesse, en partie aussi d'une fausse conception de la sainteté. Nous faisons confusion entre l'essentiel et l'accidentel. L'essentiel de la sainteté nous est accessible ; il nous est accessible aujourd'hui même. Il consiste dans l'amour, dans la charité sans réserve.

XXVIII

LA VIE INTÉRIEURE

Notre vie ici-bas consiste à nous préparer au ciel. La vie sur la terre est une enfance. Toute la vie de l'homme dépend de cette enfance. Donc :

Que Dieu ne soit pas pour nous un inconnu ici-bas ; autrement, oserions-nous nous présenter devant Lui après la mort ? Il faut acquérir une certaine familiarité avec Dieu.

C'est le rôle de la prière de dire à Dieu nos besoins, nos souffrances, nos désirs, nos joies. La prière, c'est un voyage dans le ciel. On en rapporte toujours un peu d'amour.

C'est aussi cette familiarité que nous donnent les sacrements. Au ciel, le Bon Dieu sera lui-même notre nourriture et le soutien de notre vie. Communier, c'est commencer la vie éternelle. De même, au ciel nous jouissons de la paix éternelle. La confession est le sacrement qui rend la paix du cœur et nous met dans l'état où nous devons être pour entrer au ciel.

Que l'amour fraternel – la charité envers les hommes – ne nous soit pas inconnu ici-bas, sinon qu'irions-nous faire au ciel où l'on ne fait autre chose que jouir, dans la lumière de Dieu, d'une mutuelle et parfaite sincérité ? Quelle belle chose qu'une communauté où chacun s'efforce d'être bon et de faire plaisir aux autres, de leur éviter la peine et le chagrin ; c'est cela qui peut donner une idée du ciel.

Demandons à Notre Seigneur, qui est monté au ciel pour nous préparer la place, de nous aider aussi à nous préparer, à préparer nos cœurs pour la béatitude du ciel par la Foi, l'Espérance et la Charité.

Toute santé est un équilibre.

Il y a en nous deux parties : l'une inférieure, la partie sensible ; l'autre supérieure, la partie spirituelle.

La première s'occupe de ce qui est particulier accidentel, agréable ou désagréable : goûts, évènements, état triste ou joyeux.

La seconde s'occupe de ce qui est universel, éternel, bien ou mal, vrai ou faux : Dieu existe, notre âme est immortelle ; il faut être bon, penser et vouloir profondément.

La partie sensible est faible, petite, toujours en mouvement, comme une fleur dans le vent.

La partie spirituelle est forte, immense, immuable, comme le firmament.

Dans les épreuves, ceux qui vivent de sensibilité et de sensualité sont ballottés dans un sens ou dans l'autre. Impossible de garder l'équilibre.

La Foi, se traduisant par la confiance et la fidélité, c'est l'âme de la vie intérieure, ou plutôt c'est la vie intérieure elle-même. Ayons confiance en Dieu puisqu'Il nous y invite : « Ayez confiance, j'ai vaincu le monde » (Jn 16, 33).

Ainsi la pensée de Dieu nous sera douce, nous y penserons souvent et nous aurons une vie d'oraison.

Alors la vie religieuse n'est plus qu'un jeu. De petits enfants jouent sous le regard de leur Père, en attendant de rentrer à la maison.

La vie religieuse est comparable au développement d'une plante. « Si le grain ne meurt pas... !)

D'abord, il faut que le grain tombe en terre, qu'il se détache, qu'il se cache et s'humilie, qu'il renonce à être vu et même à donner bon exemple, qu'il souffre et meure.

Ensuite, la période de lente croissance, patience et persévérance, monter chaque jour insensiblement vers le ciel. On se répète les paroles de Foi comme un pauvre qui souffle sur ses derniers charbons en train de s'éteindre pour tâcher de les faire durer encore un peu. C'est le désert. Quelque oasis. Un sublime pèlerinage. Une conquête.

Enfin, il y a l'épanouissement : plénitude de la confiance. On ne voit plus que Dieu. Le regard alternant, puis fixe. Un calice ouvert dans la lumière de midi, répandant son parfum autour de lui, rayonnant des effluves invisibles de grâce et d'amour.

Les êtres jeunes sont rafraîchissants, on les regarde, on boit leur jeunesse comme un lait.

L'âme simple et forte et claire, est un printemps irrésistible. Mais la Vérité c'est que les gens simples sont très rares. C'est surtout la conscience qui est compliquée et qui complique. Il n'y a qu'un moyen de retrouver la grâce du printemps : s'ignorer ou s'oublier. C'est ce que nous nous efforçons de faire en demeurant tournés vers l'absorbant spectacle de la beauté de Dieu.

Les hommes beaux ce sont les hommes, purs, c'est-à-dire ceux qui n'ont qu'une idée ou une volonté.

Ceux qui vivent spirituellement, c'est-à-dire ceux qui pensent à Dieu et cherchent, à Lui plaire, demeurent en paix.

Le mal n'est pas profond ; il passe, les biens de même. Les épreuves ne sont pas des obstacles, mais des marches, une invitation à monter.

Pour devenir les amis de Dieu et commencer notre ciel sur la terre, il faut faire comme nous ferions pour gagner l'amitié d'un homme. Il faut nous habituer à faire ce qu'il veut.

Or, que veut avant tout le Bon Dieu ? Etant infiniment bon et charitable, il veut que nous soyons bons et charitables.

Les souffrances et les épreuves des autres sont des occasions de nous montrer bons et charitables envers eux.

Nos souffrances et nos épreuves sont aussi des occasions de nous montrer patients, doux, résignés, et par là donner un exemple et un encouragement à ceux qui souffrent. Donc : pratiquer la charité.

En un mot, nous ne sommes sur la terre que pour cela : tout ce qui nous arrive est une occasion et une invitation de l'amour divin.

Et c'est dans la mesure où nous serons bons et charitables que nous pourrons espérer la béatitude du ciel.

Plus nous aimerons Dieu et serons heureux de L'aimer, plus il nous sera facile de n'être ni dur, ni critique envers le prochain. Un jour viendra où il nous sera devenu impossible de dire une parole méchante.

XXIX

AVIS EN SENTENCES

Il faut, passer à travers le monde dans un nuage doré de pensées sublimes.

*

Que faut-il pour que l'âme soit vierge ? Être séparé de tout ce qui est personnel et humain. De toute propriété, de tout attachement, de toute jouissance, de tout plaisir égoïste, et même de toute douleur. Ne pas s'attacher, ne pas s'attarder au calice d'amertume de la douleur, mais y retrouver Dieu.

*

Comment l'âme devient-elle et reste-t-elle « *virgo purissima* » ? Par la pratique du silence extérieur et intérieur. Le silence extérieur : on parle pour se faire aimer, se faire valoir. Le silence intérieur : absence de désirs, de préoccupations, d'inquiétudes.

Comment devenir « rose mystique » ? La Vierge cachée, mystique... Pour l'imiter, pour devenir ses enfants bien-aimés, participer à ses privilèges, il faut se cacher comme elle. La rose est belle à contempler. On est changé en ce que l'on contemple.

*

Quelle est notre « Maison d'Or » ? Marie.

Que notre seule affaire soit de l'aimer et d'en être aimé. Que la Maison d'Or nous enferme et nous fasse oublier tout le reste, toute autre maison. Oui, même la Chartreuse.

*

Que signifie la « Tour d'Ivoire » ? Marie est notre refuge. Rien ne peut atteindre ni troubler une âme abandonnée à Marie.

« Étoile du matin » ? D'après S. Albert le Grand, l'Étoile du Matin est le pôle du monde. Il y a deux pôles aussi dans le monde spirituel : Jésus et Marie. Jésus demande la générosité, Marie la confiance.

« Vierge fidèle », « Reine de la Paix ». La paix intérieure et extérieure s'obtient par la fidélité à la grâce. La fidélité coûte. Pas de fidélité sans sacrifice et souffrances. Mais le prix, c'est-à-dire la Paix du cœur uni à Dieu, est infini, éternel.

*

Au terme de leur épanouissement, les âmes sont des mondes. Chacune réalise une harmonie, un équilibre de proportions spirituelles éternellement nouveau et tout à fait inouï.

*

Ce qui importe surtout de donner, c'est ce à quoi nous tenons plus. Souvent, c'est notre temps que la charité demande, mais plus souvent encore, toujours, elle nous demande de sacrifier notre amour-propre.

*

On ne possède que ce que l'on donne. Nous pouvons donc être aussi riches que vous, mon Dieu, puisque nous pouvons tout donner.

*

Quels sont, dans la vie religieuse, les moments précieux, les moments où l'on amasse des trésors éternels, où l'âme se fiance pour toujours à Dieu ? Ce sont les moments de ténèbres, où l'on ne voit plus rien, ne sent plus rien, mais agit par pur amour. « *Eli, Eli, lama sabatchani...* », moment suprême de l'histoire du monde, parce que c'est alors qu'a été méritée la gloire, le surlendemain, dans le tremblement de terre de la résurrection, la gloire du Christ vainqueur de la mort, gloire capable d'illuminer le monde entier et de couvrir de sa clarté la foule innombrable des bienheureux chantant à jamais la victoire de l'Agneau.

*

Il nous arrivera peut-être quelquefois de faire quand même de la peine aux autres, sans le vouloir. Mais c'est une peine toute superficielle et qui est bien vite réparée. Heureusement, avec Dieu, cela ne nous arrivera jamais : nous ne lui faisons de la peine que si nous le voulons, car il connaît nos cœurs.

*

Toutes les valeurs doivent être révisées sauf la charité. On aura au ciel la charité qu'on aura eue sur la terre, le même amour.

*

On se demande quelquefois ce que l'on doit faire pour aimer le Bon Dieu et devenir saint. C'est bien simple. Comment montre-t-on qu'on l'aime ? En faisant sa volonté. Faire toujours la volonté de Dieu, c'est l'aimer et être saint. Mais à reconnaît on la Volonté de Dieu ? À la voix de la conscience qui nous dit si ce que nous faisons est bien ou mal. S'habituer à l'écouter, à la suivre pour l'entendre ainsi plus clairement (sinon elle se tait). On arrive à ce qu'elle nous avertisse pour les plus petites choses.

Il y en a qui veulent bien faire la volonté de Dieu sur certains points mais pas sur tous. Souvent même on veut bien faire son devoir dans l'ensemble de la vie, mais il y a seulement une petite chose où l'on veut faire à sa tête, désobéir à sa conscience. Eh bien ! C'est justement cette petite chose-là qu'il faudrait faire comme il faut pour plaire au Bon Dieu. C'est peu de chose, mais cela suffit souvent pour que nous ne soyons pas en paix avec Lui ni avec nous-mêmes.

Il n'y a pas de petites choses pour ceux qui veulent vraiment aimer le Bon Dieu de tout leur cœur comme Il mérite d'être aimé et désire l'être. Négliger les petites choses, remettre au lendemain, c'est le moyen de déchoir rapidement. Soigner notre vie morale comme nous soignerions un beau travail pour quelqu'un que nous aimons. Il y a des valeurs éternelles. Il faut choisir. Impossible de servir deux maîtres à la fois.

*

Qu'est-ce qui fait surtout que l'on devient négligent dans le service de Dieu et que l'on perd son âme en ne priant pas, en ne fréquentant pas les sacrements? C'est que l'on cherche plus à plaire aux hommes qu'au Bon Dieu. On voudrait que les hommes disent du bien de nous: que nous sommes bons et capables. Mais à ce que le Bon Dieu dira de nous, à cela on ne pense pas. En un mot, on est l'esclave de l'opinion. Et comme la vraie piété est toujours un peu sujet de moquerie pour les hommes vulgaires, on n'ose pas pratiquer la religion. Comme on manque d'humilité, on manque aussi d'amour, car quand on n'a pas le courage de braver l'opinion pour être fidèle au service de Dieu, on l'aime de moins en moins.

*

Quand on n'aime plus Dieu, on est sans force contre les passions et la sensualité. Prenons la résolution de vivre sous le regard de Dieu, dans sa lumière. Nous souffrons bien un peu avec Notre Seigneur sur la terre, mais nous serons récompensés dans le ciel.

*

Au fond, il n'y a qu'une épreuve et une façon de bien l'accueillir, il n'y a qu'une consolation, gratuite et inépuisable, toujours présente en nous et au-dessus de nous. Tout l'art de vivre, c'est d'ouvrir les yeux en silence, car la lumière ne manque pas. Que Dieu toujours vous garde et vous guide.

*

Un sourire est souvent la meilleure mortification.

*

L'âme unie à Dieu est invulnérable; le mal qu'on lui fait tourne à son bien.

*

La nouvelle année de l'âme commence tous les jours. Ce qui établit l'âme dans la paix absolue, c'est une certitude que les paroles ne communiquent pas. C'est une claire et définitive perception de l'ordre des valeurs qui nous fait voir que Dieu est tout, et le reste un peu moins qu'un songe. Alors toutes les choses qui nous écrasaient naguère (même le moi) deviennent légères comme des ombres. On devient tranquille comme un ciel. Cette certitude qui nous fixe dans l'équilibre éternel, Dieu seul peut la donner.

*

«Je me récrée dans l'immensité de Dieu.»(Saint Gérard Magella)

*

Saint Louis était Chartreux en étant roi. Nous sommes rois en étant Chartreux. Divine liberté et divine royauté de l'âme qui est seule avec Dieu. Conquêtes mystérieuses d'âmes, reine-épouses de Jésus-Roi et dont le règne est pacifique et éternel.

*

Quand vous recevez un billet de banque, vous vous demandez aussitôt s'il est faux. Mais quand nous cueillons une rose, nous n'avons pas ce soupçon parce que la rose est naturelle. Le billet de banque ne l'est pas. Or le baiser de Dieu ressemble beaucoup plus à une rose qu'à un billet de banque. C'est ce qu'il y a de plus naturel.

*

Efforçons-nous de vivre et de mourir dans une grande conformité à la volonté divine, qui est une volonté de paix et de douceur, et à mesure que nous approchons de la douceur virginale de la Très Sainte Vierge Marie, nous prendrons conscience avec elle de la Vie de Jésus en nous-mêmes, et de son règne éternel.

*

Je tâche aussi de me tenir à ce point où nous laissons Dieu régner en nous et hors de nous, tandis que nous cessons, pour ainsi dire, d'exister. C'est la seule façon, à mon avis, de tenir en chartreuse, dans une charge ou en cellule. On pourrait dire en somme que demeurer en chartreuse est impossible : il faut en sortir, soit par l'extérieur, soit par l'intérieur. Malheureux dans le premier cas, bienheureux dans le second.

*

Le site de la Grande Chartreuse vaut à lui seul un traité de spiritualité. Il témoigne avec une éloquence merveilleuse du gigantesque effort fait par nos Pères pour fuir le monde et se défendre contre lui. On dirait que le paysage même a été construit par des titans amoureux de solitude.

*

Tout est à tous dans le cœur de Jésus.

TABLE DES MATIÈRES

Achevé d'imprimer en octobre 2020
sur les presses de
La Manufacture - Imprimeur – 52200 Langres
Tél. : (33) 325 845 892

N° imprimeur : 201056 - Dépôt légal : avril 2007
Imprimé en France